평생커리어를 위한

행 복 한   비 전 성 취   가 이 드 북

의식전환,

비전 정립하며, 도전하고, 성취한다!

행복하고 건강한 삶을 실현하는
워라벨 시대의 노하우

의식전환,

비전 정립하며, 도전하고, 성취한다!

1판 1쇄 인쇄일 | 2023년 7월 28일
1판 1쇄 발행일 | 2023년 8월 8일

지은이 | 모진
발행처 | 휘즈북스
발행인 | 현지혜
편집 | 김승환
편집디자인 | 김화정
영상촬영편집 | 박보형 · 공연화
블로그·인스타그램 홍보 | 이지연
서점 영업마케팅 | 권태환
홈페이지 관리 | 이지연
도서유통 | 한국도서유통

주소 | 서울시 서초구 양재동 89-3 서울빌딩 5층
전화 | 02-568-2897
팩스 | 02-566-2898
홈페이지 | www.whizbooks.co.kr
책 관련 블로그 | blog.naver.com/whizbooks

ISBN 979-11-88550-07-4
값 20,000원

평생커리어를 위한

행 복 한　비 전 성 취　가 이 드 북

의식전환,

비전 정립하며, 도전하고, 성취한다!

행복하고 건강한 삶을 실현하는
워라벨 시대의 노하우

Recommendation

추천사

첫번째 일과 가정생활의 균형적 발전을 위해
도전하는 차세대 리더의 필독서

LG에너지솔루션 권영수 대표이사

두번째 도전히며 미래 비전 성취하려는
미래 세대들에게 팁을 주는 책

롯데 유통군 총괄대표 김상현 부회장

세번째 의식전환과 실행력으로 도전하고 성취하며
균형적 삶을 살기를 기대하며

두산퓨어셀 신미남 전 대표이사

일과 가정생활의 균형적 발전을 위해
도전하는 차세대 리더의 필독서

LG에너지솔루션 **권영수 대표이사**

주변에 성공한 경영자들의 공통점을 꼽자면 하나같이 '실행력'이라 말할 수 있다. 그들 모두 변화를 두려워하지 않고 끊임없이 배우는 자세로 자신감있게 각자의 비전을 성취하게 위해 도전하고 전진한다. 모진 대표는 내가 아는 리더들 중에서도 실행력이 굉장히 뛰어난 사람이다. '글로벌 기업 1세대 여성 CEO'라는 타이틀에 걸맞게 성공한 경영자일 뿐만 아니라, 50대 후반인 지금 스타트업을 설립하여 또 한번의 도전장을 내민 패기 넘치는 경영자다.

모진 대표는 자신의 성공적인 커리어 라이프의 원천을 '의식전환'이라 규정한다. 원대한 비전을 세우고, 목표를 이룰 때까지 사고를 전환하며 긍정적인 자세로 로드맵을 실천해 나가는 것이다. 이 책은 저자가 겪은 35년의 성공 경험뿐 아니라, 각 단계별로 부딪히는 고난을 어떻게 극복하고 목표를 추진해 나갈 수 있었는지에 대한 상세한 노하우를 제시한다는 점에서 의미가 있다.

　특히 이 책은 패기 넘치는 신입사원 때부터 시작해 40대부터 각기 다른 산업 부문에서 글로벌 기업 대표를 4번 역임한 그의 화려한 필모그래피가 결코 쉽게 주어진 게 아니라는 것을 보여준다. 이 책에서 보듯이 모진 대표는 전 생애의 모든 국면에서 누구보다 치열하게 고민하고 용감하게 부딪혔다. 특히, 일과 가정의 생활터전에서 중요한 전환점을 마주할 때마다 절박한 마음으로 용기있게 나아가는 모습이 정말 인상적이다.

　그는 기업에서 경영적 목표를 달성하기 위해 인식전환을 통해 조직에서 마주치는 선입견을 이겨내고 혁신적인 성과를 일구는 동시에 가정에서도 완벽한 팀워크로 균형을 맞추어 갔다. 세 아이의 엄마인 저자가 글로벌 기업에서 승승장구하고, 혁신적인 변화를 이끌어낼 수 있던 이유가 여기에 있다. 이 책에서는 무엇보다 모진 대표의 따뜻한 인간미도 느껴진다. 바쁜 업무 중에도 예고 없이 찾아드는 가정사에 대한 고민도 솔직하게 풀어내었다.

특히 저자는 결혼과 자녀양육이 인생의 필수코스로 여겨지지 않는 시대지만, 자신은 일과 가정의 규형을 성취하는 것이 필요하다는 점을 이 책에서 강조하고 있다. 그러면서 일과 가정생활 양립을 하기 위해 여성커리어로서 부족한 점을 인정하고 '슈퍼우먼 신드롬'에 사로잡히지 말라고 여성 커리어들에게 자신 있게 조언한다. 그가 지난 35년 동안 커리어뿐 아니라 육아에 대한 목표를 설정하고 나름의 실질적 방안을 마련했다는 자전적 고백은 같은 경험을 하며 목표를 세우고 있는 여성 커리어들과 그 가족들에게 큰 도움이 될 듯하다.

그런 의미에서 이 책이 일과 가정생활을 병행하고 있는 여성 커리어는 물론 차세대 리더들이 가정적으로 행복한 라이프를 가꾸며 일터에서도 다양성과 활력있는 조직문화를 주도하는데 필요한 노하우로 승화되기를 기대한다. 또한 인구 절벽 시대에 한국 사회의 지속가능성장을 위해 결혼과 출산 및 자녀양육이라는 사회적 과제를 해결해야 하는 중차대한 시점에 관련 당국과 각 가정에서 모진 대표의 경험사례를 뒤담아 듣고 함께 이 과제를 해결하는 방안을 찾아 실천해나가기를 기대한다.

의식전환, 비전 정립하며, 도전하고, 성취한다!

도전히며 미래 비전 성취하려는
미래 세대들에게 팁을 주는 책

롯데 유통군 총괄대표 **김상현 부회장**

모진 대표는 '글로벌 기업 여성 CEO 1세대'로 지난 20년간 유수의 국내외 기업 4곳의 CEO를 역임했다. 그리고 이제는 스타트업의 대표로 또 한 번 새로운 도전을 하고 있다. 모진 대표는 내가 알고 있는 경영인 중 그 누구보다 치열하게 고민하고 용감하게 도전하는 사람이다. 유능한 글로벌 리더이자 우리나라에 흔치 않은 여성리더인 모진 대표는 말 그대로 유리천장을 깨트리며 눈부신 업적을 세우며 일했다.

모진 대표의 지난 35년간 커리어 라이프를 관통하는 것은 '비전'의 힘이다. 현재를 넘어서 다가오는 미래를 향한 비전을 정립하는 가운데, 의식 전환을 통해 실패를 극복하며 진정한 리더로 나아간 모진 대표의 모든 순간들이 이 책에 담겨 있다. 또한 한국 사회에서 태어나 살아가는 여성으로서, 세 아이의 어머니이자 아내, 며느리로서 일과 라이프의 균형을 맞춰 나가는 과정도 진솔하게 이 책에서 털어 놓고 있다.

비교적 성공적인 커리어 라이프를 살아낸 모진 대표 역시 그 동안 갈등과 고민, 좌절의 시간을 보내기도 했다. 그 때마다 모진 대표는 자신이 일하면서 터득한 'Breakdown always comes with breakthrough' 를 되새기며 위기를 기회로 만드는 의식 전환을 통해 끊임없이 성장하고 앞으로 나아갔다. 자신의 경험을 솔직하고 섬세하게 녹여낸 이 책은 성장 가능성과 미래 비전에 대해 고민하고 있는 우리 사회의 많은 이들은 물론이고, 나아가 인재 개발과 육성에 고민하는 기업들에게도 큰 의미와 방향성을 제시해 줄 것이다.

좋은 경영인이 되기 위해서는 좋은 리더와 조직을 만나는 것이 물론 중요하지만 결국 주어진 환경 속에서 최고의 결과를 끌어내는 것은 나 자신이다. 모진 대표가 피앤지 신입사원 시절 차장이었던 나는 신입사원들을 모두 CEO 잠재력을 가진 사람들로 보았고, 그렇기 때문에 모두에게 CEO가 되기 위한 역량을 키우라는 메시지를 전했다. 모진 대표는 이 메세지에서 여성 CEO를 본인의 강력한 비전으로 삼게 되었다고 한다. 나의 작은 한 마디가 모진 대표가 지금까지 일궈온 성과에 작은 불씨가 되었다면 나는 그것만으로도 기쁘고 행복하다.

이 책을 통해 모진 대표 역시 글로벌 리더를 꿈꾸며 본인의 커리어를 키워가고 있는 수 많은 젊은이들에게 비전과 가능성의 작은 불꽃을 전달할 수 있기를 기대하고 있다. 모진 대표의 바램처럼 이 책의 독자들이 각자의 재능과 꿈을 발견하고 가꾸는 가운데 인생의 비전을 정립하여 도전하고 성취하는 로드맵을 만들어 각자의 분야에서 글로벌 리더로 우뚝 서는 삶을 살아가기를 바라마지 않는다.

의식전환과 실행력으로 도전하고 성취하며
균형적 삶을 살기를 기대하며

두산퓨어셀 **신미남 전 대표이사**

'의식전환', 이것이 바로 세 아이를 훌륭하게 키워내면서 동시에 40대부터 국내외 기업의 대표를 4번이나 역임하며 성공적인 삶을 살아온 모진 대표의 노하우였다. 이 책에서 그녀는 일, 결혼, 가정의 균형이라는 진부한 개념을 뛰어 넘어 '어떻게 커리어 구축과정이 자신이 원하는 행복한 삶으로 연결되는지'에 대해 실천적 방법을 자세하게 안내한다. 모진 대표의 안내에 따라 각자 원대한 비전을 정립하고, 자신을 후원해줄 가족, 친구, 팀원 등을 변화시키는 방법을 배워 인적 네트워크를 구성한다면 우리도 모두 삶의 질이 높은 행복한 성공에 성큼 다가설 수 있다는 확신이 든다. 그만큼 이 책은 단순한 사례 나열이 아니라, 실천 경험을 솔직하게 기술한 실행매뉴얼이라고 해도 손색이 없다.

또한 이 책은 글로벌 기업에 오랫동안 몸담았던 저자의 귀중한 경험을 바탕으로 한국 기업에서 조직의 인재양성을 위해 구사해야 할 인사정책에 대한 방법을 매우 구체적으로 제시하고 있다. 이 책의 주장처럼 직원이 인재라는 전제하에 모든 직원들에게 인재 대접을 하며 인재로 키워가는 인사정책이 곧 인재정책이라는 점은 기업 경영자가 숙지하고 실천해야 할 인재육성의 팁이기도 하다. 따라서 이 책은 비단 여성만이 아니라 한국 기업이나 공공기관의 대표인 남성 경영자들에게도 매우 유용한 인적 자산 축적의 길잡이가 될 것이다.

특히 최근 한국 대기업에서 여성 임원을 대표이사로 선임하여 조직성장의 동력으로 키워가는 것은 매우 바람직한 현상이다. 무엇보다 이런 사회적 환경이 펼쳐지는 이 즈음에 글로벌 기업에서 여성 대표로 성장한 모진 대표가 제시하는 비전 셋팅과 목표달성에 필요한 매뉴얼을 기업의 경영자와 함께 의논하고 만들어가는 커리어발전과정이 차제에 한국 기업에서 전사적으로 추진하는 시스템으로 정착해가는 계기가 될 것으로 믿어 의심치 않는다.

이 책에서 여성 커리어인 모진 대표는 엄마의 입장에서 아이를 양육하며 겪었던 여러 가지 경험을 사례로 제시하며 자신이 부족했던 점을 솔직히 고백하며 바람직한 대처 방안을 제시한다. 그 부분을 읽으며 일하는 엄마 모진 대표가 아이를 양육하는 20년 동안 겪었을 갈등과 고민의 시간이 어느 정도 짐작이 간다. 그럼에도 불구하고 한 번도 커리어를 포기하지 않고 의연하게 대처하며 일터에서 자신의 커리어 발전을 위해 도전하고 실행하며 성과를 낸 것이 같은 여성 커리어 입장에서 자랑스럽기까지 하다.

차제에 한국의 차세대 주자들에게 당부하고 싶은 말은 모진 대표가 제시했듯이 일과 가정생활을 조화롭게 병행해나가기 위해 반드시 가족 친구들과 팀웍을 이루어 나가기를 추천하고 싶다. 혼자서 다하려고 하면 멀리 가기 힘들 것이다. 주변의 가족, 친지들에게 협조를 구하며 도움을 받는 것이 인구감축 난제를 해결하는 최고의 대안이 될 수 있다. 그런 측면에서 인구정책을 책임지는 당국에서 이런 도움을 주는 사람들에게도 여러가지 인센티브를 주는 제도적 인프라 구축을 하도록 권고하고 싶다.

마지막으로 50대 후반의 모진 대표가 창업기업의 대표로서 다시 한번 인생에서의 '의식 전환'을 시도하는 점을 주목하고 싶다. 모진 대표는 자신에게 주어진 환경을 활용하며 시대의 소명이라 할 수 있는 바이오헬트케어산업에 다시 도전장을 내밀었다. 커리어를 처음 시작하는 직장인처럼 설레고 걱정되는 마음으로 새로이 출발할 수

의식전환, 비전 정립하며, 도전하고, 성취한다!

있는 원동력은 그의 실행력이다. 20대 초반의 신입직원처럼 35년 경력의 경영자도 비전적 삶을 살기 위해 의식전환하는 점이 중요함을 저자는 이 책에서 여실히 보여준다. 이처럼 실행력에 기초하여 쓰여진 이 책은 공허한 이론이 아니라, 우리 삶과 조직의 인재육성을 성공으로 이끄는 실천 매뉴얼이라고 하기에도 손색이 없다. 조직의 경영자, 신입직원, 창업에 나선 스타트업 모두가 필요로 하는 비전 성취방법을 이 책에서 배우고 실행하며 각자 비전 중심의 삶을 살아가는데 필요한 팁과 영감을 얻기를 기대한다.

프 롤 로 그

조용한 아침에 나를 깨운 목소리

조용한 아침에 나를 깨운 목소리

모처럼 이른 새벽에 눈을 뜨고 창 밖을 보니, 해뜨기 전 어스름 하늘이 열리고 있다. 연말이 가까워지면서 2021년을 보내는 의미를 새기느라 마음이 약간 착잡했다. 가족들이 모두 잠든 시간에 향기 좋은 커피 한 잔을 내린 후 서재로 가서 노트북을 열었다. 대학 졸업 후 사회로 나와 일하며 보낸 35년의 시간들이 주마등처럼 지나가며 내 인생에 던지는 메시지를 되새겨본다.

'모진'이란 이름으로 불리며 살아온 시간 동안 필자는 어떤 사람이었는지 생각해본다. 희성인데다, 외자 이름이다 보니 한번 들으면

잊기가 어려운 이름이다. 모진으로 살아온 지나온 시간들을 돌이켜 보면, 30대 중반 이후부터 외자 이름이 주는 것보다 내 커리어가 사람들에게 더 큰 인상을 심어주었던 것 같다. 특히 40대 중반부터 국내외 기업 대표를 4번이나 역임한 이력으로 인해 항상 많은 사람들의 궁금증과 관심을 불러일으켰다. 게다가 성공적인 커리어를 가진 여성이 남자 아이 세 명을 낳아 키운 엄마라고 하면, 더 눈이 휘둥그래졌다. 그때마다 사람들은 대부분 그 비결을 물어왔다. 그건 외국인들도 예외가 아니었다.

결혼=출산, 결혼=인생필수 코스 공식을 거부하는
MZ세대의 가치관과 삶의 방식

불과 10여년전만해도 한국에서 강연이나 멘토링을 할 때면, 매번 받는 질문이 있다.
"직장 생활하면서 어떻게 세 아이를 키우셨어요?"

그런데 이상한 일은 2020년대에 들어서서 아예 그런 일은 '가능성 제로'로 여기기 때문인지, 궁금해하지도 않고 질문도 없다. 짐작하기 어렵지 않은 일이다. MZ세대들이 사회로 진출한 2010년 즈음부터 남녀를 분문하고 직업을 갖는 것이 당연시 되는 시대가 되었다. 요즘의 20-30대들은 '결혼=출산, 결혼=인생의 필수코스'라는 공식을 이해하지 못하는 세대들이다. 이들에게 삶은 자아실현과 자존감 고취, 건강과 경제적 여유, 몸을 통해 자기를 표현하고 인정받기, 개인적 행복과 꿈의 실현, 사회적 관계 형성과 가치 실현 등이라는 카테고리 속에서 형성된다.

특히 MZ세대들이 사회로 진출한 2010년 즈음부터 결혼 자체를 하지 않은 싱글 여성들이 많아졌다. 또한 결혼은 했지만 경제적, 생활적 여유를 동시에 갖기 힘든 현실 때문에 아이는 아예 계획조차 하지 않는 커리어들이 많아졌기 때문이다. 그리고 무엇보다 일과 성공에 대한 인식도 달라져서, '일과 가정 생활 모두 힘들게 도전하며 피곤하게 살 필요가 있느냐'라는 인식이 지배적이다. 심지어 일 중독처럼 커리어에 집중하는 것은 여유로운 삶의 질 시대에 뒤떨어진다는 요즘 세대의 말을 듣게 되면서 나도 모르게 위축된 경험도 있다.

문화가 다른 조직에서 목표를 달성하지 못한 후
얻게 된 교훈과 미래를 향한 인식

여러 가지 시대의 변화와 조직문화의 차이를 새삼 실감한 2021년은 필자에게 약간은 힘든 해였다. 그 이유는 여성커리어로써 50대 후반에 삶에 대한 인식과 가치관 등이 완전히 달라지는 변곡점의

의식전환, 비전 정립하며, 도전하고, 성취한다!

시대에 새로운 선택을 했기 때문이다. 3년전 30여년간 근무하던 외국 기업이 아닌, 한국 기업의 최고 경영자로 영입되어 조직의 변화를 주도했다. 그러나 짧은 기간 내에 조직의 문화적, 시스템적 격차를 미처 극복하지 못하여 목표하던 바를 달성하지 못했다. 그로 인해 필자는 새로운 문화와 시스템을 가진 조직에서 내가 잘못한 것이 무엇인가에서부터 그런 문화적, 시스템적 차이점의 긍정적인 면과 부정적인 측면까지 고민하며 향후의 선택에 참고할 교훈을 얻게 되었다.

지난 3년 동안 한국 기업에서 조직 내 문화적 차이점에 부딪혀 갈등을 겪으면서 지금까지 필자가 일했던 조직과 한국 기업의 차이점을 이제는 어느 정도 간파하게 되었다. 그러면서 만약 내가 도전하지 않았으면 그런 차이점을 미처 인식하지 못하는 것은 물론이고 배움도, 깨달음도 없었을 것이라 생각한다. 돌이켜보니, 그 도전의 시간에 갈등이 이어졌고 고통스러웠지만, 필자가 앞으로 한국 사회에 살면서 무엇을 해야 하는가에 대한 정확한 인식과 실행지식을 갖게 되었다는 점에서 그 시간들이 의미가 있었다는 생각이 든다. 그리고 무엇보다 이제는 그 시간을 되돌아보는 가운데, 새로운 시작을 준비하면서 어떤 확신마저 가지게 된다.

'지금까지 삶에서 내가 추구한 것이 진정 무엇이었는가? 직업적 성취는 물론 가정적 화목과 행복의 균형을 추구하지 않았던가?' 긴 인생 전체를 본다면 지난 2년의 시간이 색다른 도전이 되었고, 향후 나의 삶의 방향을 제시하는 나침반이 될 수도 있다. 이제까지 인생 전반기의 내 삶의 목표는 어느 정도 이루었다고 생각된다. 그렇다면 다시 인생 2막을 준비하면서 그 동안 내가 터득한 노하우와 지식에 기반하여 잠재된 능력을 다시 개발하는 가운데, 시대의 트렌드를 감안하여 새로운 목표를 세워본다. 그 과정에서 새로운 시대를 살아갈 사람들에게 필요한 태도와 노하우를 개발하고 조직에 도입해서 정착시키는 것이 필요하지 않을까 싶다.

사람에 따라 행복과 삶의 지향점이
각기 다름을 수용하며

사람의 모습과 생각이 다른 만큼 행복한 삶의 명제 또한 획일적일 수 없다. 이즈음 시대에 '세 아이를 키우면서 어떻게 일을 할 수 있었는가'에 대한 질문은 어쩌면 획일적이고 이분법적 시각에서 비롯된 것이다. 제로섬게임처럼 하나가 잘되려면 하나가 희생되어야 하는 관점에서 보면, 양육과 일을 둘 다 잘하기 힘들 수 있다. 그 점에 대한 필자의 견해는 분명하다. 사람마다 가치관이 다를 수 있기 때문이다. 그러나 만약 일과 가정에서 모두 성공하고자 한다면 각자 본인 만의 성공의 의미와 비전을 만든다면 얼마든지 가능할 수 있다.

의식전환, 비전 정립하며, 도전하고, 성취한다!

필자는 성과 지표가 명확한 환경에서 여성과 남성이 크게 다르지 않다는 것을 알고 있다. 그러나 직장에 입사하고 결혼을 하면서, 여성들은 성공과 행복의 지표에 대해 많은 고민을 하게 된다. 우리 시대에는 대부분의 남성들은 사회생활에서의 성취와 성공을 가장 중요하게 여겼다. 상대적으로 여성들은 일 보다는 가정을 먼저 돌봐야하는 환경이었기 때문에 여성 자신의 꿈을 포기하는 경우가 대부분이었다. 요즘은 많은 여성들이 결혼보다는 커리어를 선택하는 경우를 많이 보게 된다. 그렇다면 그런 획일적인 선택의 결과가 과연 본인이 원했던 커리어의 목표를 달성시키게 했는지를 한번 점검해볼 필요가 있다.

여성커리어로써 가정을 이루어
엄마, 아내, 며느리의 자리에서 얻는 즐거움과 행복

필자는 지난 35년동안 앞도 뒤도 돌아보지 않고 일을 하며 커리어를 쌓았다. 그 과정이 결코 쉽지 않았지만 고비가 있을 때마다 새롭게 비전을 정립하면서, 포기하지 않고 최선을 다한 여정이었다.

그런 선택을 한 필자에게 가정을 이루어 아이를 출산하고 양육하는 가운데, 좋은 엄마, 좋은 부인, 좋은 며느리로서의 개인적인 삶 또한 중요했다. 필자는 일과 함께 하는 가정생활이 있어 더 만족스

럼고 행복을 느끼는 사람이다. 물론 이러한 기쁨과 행복은 결혼을 하지 않고 자녀가 없는 사람은 알 수가 없을 것이다. 남성들이 사회에서 성공을 해도 좋은 아들, 좋은 아빠, 좋은 남편이 되어야 진정한 행복을 느끼는 것과 별반 다르지 않다. 물론 필자도 결혼하기 전부터 지금과 같은 일과 가정적 균형을 이루겠다는 목표를 세웠던 것은 물론 아니다.

우리 세대의 다른 사람들처럼 필자는 일찍 결혼생활을 시작했다. 그리고 아이를 낳아 기르면서, 아이들이 주는 기쁨이 일에서 얻는 만족감과 비교할 수 없을 만큼 큰 것임을 깨달았다. 그래서 일을 하면서도 가정에서 내가 해야 할 일을 포기하거나 두려워하지 않고 어려움을 헤쳐나갔다. 아이들이 성장하면서, 친정 부모님은 물론 남편과 시부모님과도 더욱 긴밀한 가족적 유대감을 갖게 되었다. 특히 학교 교육을 성공적으로 마친 아이들이 각자 사회로 나가 자신의 재능에 부합하여 활동하는 것을 보면서 사회적으로 내가 할 일을 다한 것 같은 느낌을 받으면서 무엇보다 뿌듯한 행복감을 느꼈다. 그 순간에 지난 시절의 어려움과 갈등은 오히려 나를 단련시킨 수련의 시간이라 여겨지기까지 했다.

의식전환, 비전 정립하며, 도전하고, 성취한다!

여성 스스로 비전 정립하고,
인적 시스템 구축하여 권리 추구해야

2021년 겨울부터 필자가 이 책을 쓰기로 결정한 이유는 여성이 야심찬 목표를 추구하면서도 자랑스러운 엄마로서, 부인으로서, 며느리로서의 행복한 삶이 얼마든지 가능하다는 것을 미래를 설계하는 젊은 여성 커리어들에게 알려주고 싶었기 때문이다. 필자가 글로벌 기업의 한국법인 여성 CEO 1호, 글로벌 기업 본사 전략담당 임원, 한국 대기업 고문, 글로벌 조인트벤처 대표 등의 경력을 보유하게 된 중요한 계기가 있다. 필자의 가능성을 일깨워주고 그 길로 지속적으로 이끌어주고 변화시킨 글로벌 기업들의 선진화된 기업문화 및 상사와 멘토들의 멘토링이 있었기 때문이다. 그리고 무엇보다 나를 신뢰하고 믿어주는 가족들의 아낌없는 지원이 있었기 때문이다. 물론 이 모든 지원을 얻는데 중요한 주체는 바로 나이지만, 또 나를 믿어주는 회사의 지원이 절대적으로 필요하다. 여성 커리어들이 각자 사회적 개인적 역할을 충실히 하기 위해서는 각자를 둘러싼 인적 네트워크가 원을 그리며 자신을 응원하는 팀이 구축이 되어야 가능하다.

그런 측면에서 '일, 결혼, 양육 등의 균형을 어떻게 맞출 것인가'가 답이 아니다. 그 보다는 '나는 누구이며, 나의 비전과 가능성은 무엇이고, 나의 행복에 영향을 미치는 사람들이 누구이고, 그들의 지원을 어떻게 이끌어내고, 또한 그들의 행복을 위해 나는 어떤 도움을 주고 있는지, 내가 해야 할 일은 무엇인지'를 점검하며 나아가는 여정'이 중요하다.

필자는 이 책에서 나와 조직, 가족, 그리고 주변을 변화시키는 과정을 상세하게 정리하고자 했다. 본서에서 다루는 모든 주제는 '커리어 각자가 진정성과 삶의 질을 포기하지 않고 달성하는 도약이 진정한 성공적 삶'이라는 것을 확인시켜준다. 그러면서 각자를 변화시키고, 각자 삶의 행복에 영향을 주는 가족, 친구, 그리고 팀원들을 변화시키는 방법을 제시하는 가이드북이다.

본서의 컨텐츠는 5가지를 주제로 전개된다.
첫째, 자신의 가능성에 대한 비전 세우기 - 현재의 나, 과거의 나 그리고 미래의 나를 조명하고 비전을 세우는 능력이다.
둘째, 과거의 방식과 믿음에 얽매이지 않고 놀라운 야망과 계획을 세우는 능력이다.
셋째, 본인의 강점과 한계를 파악하고, 자신을 제한하는 부정적 추측들을 넘어서는 방법이다.
넷째, 주변 사람들을 내 편으로 만드는 능력과 자유로움, 편안함, 마음의 평화를 얻는 능력이다.
다섯째, 그리고 마지막으로 한국의 조직에서 인재양성을 위해 구사해야 할 인사정책에 대한 노하우를 다룬다.

•

이 책은 총 5장 40개 칼럼으로 구성된다. 모든 장에는 지난 30년 동안 한국과 지구촌 사회에서 일어난 사회 변화를 주목하는 가운데, 필자의 직장 생활에서의 경험을 사례로 녹이고 업무적 역량을 키우는 다양한 매뉴얼을 씨줄로 정리한다.

제 1장은 각자의 가능성에 대한 비전을 세우기 위해 필자의 경험을 통한 방법론을 제시한다. 비전 중심의 삶을 살기 위해서 제일 먼저 자신의 과거와 현재를 반추하며 미래의 모습을 그려야 한다. 그리고 현재의 위치에서 각자 객관적으로 자신을 파악하고 비전을 세우는 가운데, 비전을 성취하는 로드맵을 따라가며 성과를 도출해야 한다.

제2장은 실제로 비전 실행하는 능력을 키우는 방법론을 다룬다. 비전을 정립하기 위해 먼저 미래에 자신이 희망하는 모습을 그린다. 그리고 비전 성취를 위해 무엇을 어떻게 할 것인지 깊은 고민의 시간을 가져야 한다. 고민이 깊으면 깊을수록 자신이 얻고자 하는 해답을 모색할 수 있다. 이 때 현재의 시점을 넘어 변화하는 미래 환경을 감안하기 위해 5년, 10년 후의 미래 환경과 산업의 트렌드를 파악하며 자신의 경쟁력과 부족한 점을 파악해야 한다. 그리고 커리어와 개인적인 삶의 비전을 동시에 정립한다. 이 때 결혼을 한 여성 커리어의 경우 아이들과 상호 교감하여 엄마로써의 비전도 정립해서 당당하게 일하는 엄마의 위치를 찾아가야 한다. 마지막으로 결혼한

여성이라면 남편과 집안 어른들과 상호교감하며 이해하고 상호 성
장하는 방식을 정립해본다.

제3장은 실전에 임해서 의식전환으로 경이로운 야망과 계획을 세
우는 과정을 다룬다. 이 단계에서 가장 중요한 것은 일상에서 생각
의 필터와 선입견을 제거하는 것으로, 훈련을 통해 익힐 수 있다. 한
편 비전을 정립할 때 무엇보다 현재 자신이 하고 있는 일과 직책에
서 가능성을 모색해야 하며, 필자의 경험을 예로 들어 설명한다. 비
전을 정립한 이후 실행과정에서 결과에 대한 두려움을 극복하고 돌
파구를 만드는 방법을 모색해야 한다. 이 때 혼자서 모든 것을 달성
하려고 하지 말고 주변인들과 팀웍을 이루어 시너지를 얻어야 하며
필자의 경험을 여기서 사례로 제시한다.

제4장은 일에서나 가정에서나 행복하고 성공적인 성취를 위해 중
요한 팀웍 형성과 마음의 평화를 구하는 방법과 과정을 다룬다. 서
포터즈를 얻기 위해서는 먼저 각자가 맡은 바에 대해 책임감과 성실
성을 유지해야 한다. 그리고 평소 심신의 건강함을 유지하며 평화를
구하는 방법에 대해 필자의 경험을 공유한다. 또한 커리어를 유지하
며 직장에서 어떤 경우에 이직을 해야 하는지, 조직에서 리더의 자
세를 갖기 위해 어떤 태도를 견지해야 하는지 필자의 경험을 공유한
다. 그리고 성공하는 방식을 지속적으로 실행하면서 성공에 더 가깝
게 갈 수 있다는 점을 사례를 통해 제시한다.

의식전환, 비전 정립하며, 도전하고, 성취한다!

마지막으로 제5장은 글로벌 기업에서 운용하고 있는 인재개발과 정을 다룬다. 바람직한 인사정책은 조직구성원을 인재로 생각하고 조직에서 적극적으로 인재개발정책을 실시하는 것이다. 또한 직원에게 동기를 부여하며 열심히 일하게 하기 위해서는 업무 성과를 정확하게 평가하여 그에 부합하는 보상을 실시하는 것이다. 이 책에서 글로벌 기업에서 실시하고 있는 인재개발 과정과 업무평가 및 보상방법을 사례를 들어 제시한다. 그리고 마지막으로 절반의 성인 여성인재를 등용하고 업무성과를 제대로 평가하며 동기를 부여하는 가운데 조직의 성장동력으로 만들어가는 방법을 제시한다.

  본서에서 다루는 인재개발과 성과측정 및 보상방법의 컨텐츠를 파악하고, 이 책의 컨텐츠를 잘 활용한다면 기업은 조직구성원 각각의 역량을 개발하며 핵심역량을 키우는 가운데, 다양성이 존중받는 활력있는 조직문화를 만들어 갈 수 있을 것이다. 무엇보다 기업은 조직 내에서 성장해야 하는 직원의 손을 잡아주고 이끌어 주는 가운데, 다양한 커리어 제안을 자체적으로 주도해갈 때 능력있는 직원들의 이탈을 방지할 수 있을 것이다. 그것이 선순환되어 직원들 각자의 헌신과 열정을 높여주는 가운데, 그 가족들까지 회사에 헌신할 수 있는 힘을 얻게 될 것이다.

도전하며 조직의 목표 달성할 수 있는 기회 제공은
여성 커리어에게 최고의 성장동기

2020년 시작된 코로나 팬데믹으로 한국은 물론 지구촌 사회의 경제문화와 삶의 형태가 과거와는 다른 형태로 급변하고 있다. 이 변화를 각자의 조직과 삶의 스타일에 수용하지 못하면 도태할 수 밖에 없는 시대이기도 하다. 이런 시대일수록 소통 능력이 뛰어난 여성 커리어들이 잠재능력을 개발하고 발휘하여 성과를 낸다면, 조직의 성장과 발전을 도출할 수 있다. 여성 인재를 등용하고 잠재능력 개발의 기회를 주는 일은 이 시대에 한국 사회의 모든 조직에서 시도해야 할 일이다. 무엇보다 그것은 조직에서 구사해야 할 뛰어난 인재등용 전략이 될 것이다

그런 측면에서 본서를 통해 커리어들은 각자의 삶에 대한 기대치를 계속 높이는 가운데, 마음의 안정을 유지하며 도전적인 삶의 가능성을 높여가기를 기대한다. 또한 조직의 최고 경영자나 오너십은 한국 사회를 이끌어갈 20-30대들의 가치관과 삶의 철학을 이해하고, 남녀평등이 성과중심의 기회와 승진 및 책임의 평등으로 이어져야 한다는 점을 조직의 정책으로 실천해야 한다. 그것이 조직의 성장동력을 키우는 최고의 대책이 될 수 있기 때문이다.

내 삶의 서포터즈에게 감사하며

리더 육성하는 경영자에게 도움이 되는 책이 되기를 기대하며

본서는 2021년 12월에 시작을 하고 마지막 원고를 2022년 6월 3일에 마쳤다. 원고를 마친 시기에 필자는 몇 년 전 창업한 회사 데임즈의 새로운 비전 수립과 투자계획도 함께 마쳤다.

글로벌 기업의 한국 대표를 3차례 역임하고 한국 대기업의 고문과 계열사 대표 직책을 끝내고, 새로운 시장을 개척하는 스타트업 대표로 필자는 제 2의 인생을 시작했다. 사회 생활을 하면서 누구나 겪을 수 있는 시작과 성장의 시기, 좌절과 절망의 시기, 회복과 치유의 시기를 거쳐 다시 재도약을 시작하는 과정에서 이 책은 필자에게 큰 힘과 용기를 주었다. 스스로를 돌아보고 회고하면서 치유가 되었고, 다시 도전할 수 있는 열정과 용기를 가졌다. 그리고 이 시기에 필자는 하나님과 다시 만나 깊은 신앙도 함께 하게 되었다.

이 글을 마무리하면서 감사하고 싶은 수많은 분들이 생각난다. 무엇보다 언제나 필자의 든든한 후원자이자, 멘토인 어머니, 아버지, 그리고 형제들의 관심과 격려가 항상 고맙고 감사하다. 또한 언제나 의젓하고 든든한 세 아이들, 그리고 20대에 설레는 마음을 가지고 만났다가 30대에 평생의 동반자가 된 남편 등은 무엇보다 지난 30년 동안 내 삶에서 중요한 버팀목이 되었다. 그들 모두에게 언제나

늘 고맙고 감사한 마음이 가득하다.

그리고 무엇보다 사회를 잘 모르던 초년생에게 리더의 비전을 심어주고 솔선수범하며 업무지식을 가르쳐준 수많은 직장 멘토들에게 감사한다. 또한 나와 함께 동거동락하며 기업에서 성장의 역사를 기록해온 선후배들과 동료들에게 감사한 마음 가득하다. 그들과 함께했던 시간들이 있었기에 필자의 커리어 라이프가 더욱 활력있고 성과를 발휘하는 여정이 되었다고 생각한다. 그러나 돌이켜보면 당시 필자가 좀 더 비전 중심의 사고와 안목을 가지고 업무에 임했더라면, 더 좋은 결과를 낳고 여유 있는 인생의 시간을 보냈으리라고 생각한다. 그렇지만 삶에서 가정이 무의미하듯, 항상 매 순간 최선을 다하는 가운데, 내가 추구하는 바를 목표로 열심히 살았다고 자랑스럽게 말할 수 있다.

또한 제2의 인생 비전을 세우면서 책 집필의 계기를 준 휘즈북스 현지혜 대표에게도 진심으로 감사를 드린다. 기업 취재 전문 인터뷰 작가이자, 미디어기업 경영자이기도 한 현지혜 대표는 갈등과 새로운 선택의 시기에 필자가 직면하는 다양한 국면에 대한 조언과 격려의 말을 통해 책을 쓸 수 있는 동기와 추진력을 제공했다.

의식전환, 비전 정립하며, 도전하고, 성취한다!

다양성과 활력있는 조직문화 배양 및 경영자들의
직원 평생커리어개발 지원자 역할 기대하며

마지막으로 필자는 이 책을 통해 기업 경영자가 변화와 혁신의 시대에 부합하는 다양성과 활력있는 조직문화를 주도하는 노하우를 갖게 되기를 진심으로 기대한다. 기업은 조직의 핵심자산인 직원들의 손을 잡아주고 이끌어 줄 수 있을 뿐 아니라, 다양한 커리어 제안을 자체적으로 주도해 줄 수 있다. 선진국의 수백 년 된 기업들은 직원들의 능력개발과 커리어개발 프로그램을 가동하여 평생커리어 플랜을 기획하면서, 개인과 조직의 성장을 주도하도록 지원한다. 한국 기업들이 그러한 인력개발 프로그램을 가동한다면, 능력있는 직원들의 이탈을 막을 수 있고, 그것이 선순환되어 직원의 헌신과 열정을 높여서 그 가족들까지 회사에 헌신할 수 있는 힘을 얻게 될 것이다.

코로나 팬데믹으로 사회, 경제문화가 급변하고 있고, 변화를 하지 못하면 도태하는 변화의 시대이다. 소통에 능하고 능력과 성과를 내는 중심에 여성들이 있고 그들이 기업에서 활약할 수 있는 기회는 무궁무진하다. 이 책을 통해 커리어들 스스로 본인들의 삶에 대한 기대치를 계속 높이며, 각자의 인생에 놓여진 갖가지 가능성에 도전하기를 기대한다.

Contents

목 차

의식전환, 비전 정립하며, 도전하고, 성취한다!

제 1 장

자신의 성장 가능성 기반으로
비전 세우기

칼 럼 1

나는 어디에서 와서
지금 어디에 있는가

21살에 시작된 필자의 커리어 라이프 중 19년 동안 수행한 전문 경영인으로서의 대표 역할은 2021년 한국 기업의 대표직을 사임하면서 마무리되었다. 물론 사임은 자의 반, 타의 반이었지만, 19년간의 전문경영인의 소임을 마감하면서 새로운 결심을 하게 되었다. 필자의 결심은 그 동안 내가 해온 업무적 지식과 비전, 그리고 21세기 사회의 본질을 토대로 형성되었다.

'이제부터 고령화 사회가 필요로 하는 육신과 마음의 건강을 책임지는 바이오 제품을 기반으로 하는 솔루션을 개발하여 우리 시대가

의식전환, 비전 정립하며, 도전하고, 성취한다!

요구하는 건강한 삶의 질을 책임질 수 있는 헬트케어 솔루션 기업을 창업해서 비즈니스를 키워보자.'

50대 후반에 전문경영인의 자리에서 물러나 필자는 스타트업 대표로 돌아가 '필자가 가진 것이 무엇인지, 필자가 어떤 사람인지'에 대해 다시 돌이켜보는 시간을 갖는 가운데 '건강한 삶의 질을 책임지는 솔루션 프로바이더'의 비전을 정립했다. 사회적으로 30여 년 동안 생활용품기업, 의료 및 제약기업, 식품제조 및 유통기업 등에서 경력을 쌓으며 업무지식을 갖춘 만큼 필자는 요즘 고령화 시대에 동시대인의 건강한 삶의 질을 책임질 수 있는 솔루션을 개발하며 나의 새로운 비전을 만들게 되었다. 이 책을 쓰면서 필자는 건강의 패러다임을 바꾸는 개인화, 맞춤영양 시장을 이끄는 '정밀영양협회'의 회장이 되었고, 스킨헬스케어 벤처를 운영하게 되었다.

세 아이들의 성장과 남편의 세심한 내조를 통해
나의 자리를 되돌아보며

객관적으로 보면 필자는 세 아들의 엄마이며, 한 남자의 아내이며, 여유로운 노년을 보내고 있는 어머니, 아버지의 막내 딸이자, 1남 4녀 가정의 며느리이다.

필자의 아버지, 어머니, 그리고 시어머니는 지난 시간 동안 내 삶의 기원이며 든든한 후원자였다. 50년 넘게 필자와 동시대인의 삶을 살아온 친정 아버지는 공무원과 학자의 귀감이 되어 전문가에게 필요한 책임감과 혁신의 가치를 일깨워주셨다. 또한 친정 어머니는 평생 가정주부로 사시면서 주부의 역할을 통해 여성의 역할과 책임감을 일깨워주시는 동시에 자신의 재능을 사회에서 발휘하도록 응원과 지원을 아끼지 않으셨다. 무엇보다 한 가정의 어머니로써 자녀를 양육하며 항상 가정의 화목을 위해 책임감을 키우도록 해주셨다. 음악인 가정을 이끌면서 멋지게 자신의 소임을 다해온 시어머니는 문화예술인의 인성으로 남편과 우리 가족에게 예술적 소양과 더불어 삶의 여유를 갖도록 해주셨다.

특히 필자의 세 아이들은 모두 한국에서 태어나 미국 동부의 보딩스쿨 스토니 브룩에서 공부하면서 각자의 재능을 발견하였다. 이후 대학에서 재능에 부합하는 전공을 선택해 학업을 이어갔다. 세 아이들 중 두 아이는 졸업 후 국내외 기업에서 각자의 자리를 찾아가고 있다. 배려심이 깊은 큰 아들은 미국 UCLA에서 장학금을 받으며 학업을 마친 후 현재 세계적인 제약회사인 머크에서 임상연구원으로 일하고 있는데 어릴 때부터 동생들이 절대적으로 의지하는 듬직하고 성실한 큰형의 역할을 잘하고 있어 고마운 마음을 말로 다 표현할 수 없다. 기존 체제에 순응하기 보다는 새로운 시각에서 나름의 견해를 펼치던 둘째는 엔지니어링을 전공하고 드론을 공부한 후 통신 관련 미국 기업에 최근 시스템 엔지니어로 입사했다. 필자 나

의식전환, 비전 정립하며, 도전하고, 성취한다!

이 39세에 출산한 막내는 아픈 사람들을 고치는 의사가 되기를 소망하여 코비드9 논문을 저술하여 미국 의학학술지에 등재되는 가운데. 의료인의 가능성을 열어가고 있다.

세 아이들을 보면서 필자는 지난 30년 동안에 힘들게 유지해온 가정 생활에 일말의 자부심과 책임감을 느끼며 삶의 활력을 얻곤 한다. 그리고 인생에서 가장 힘든 시기에 만나서 내 삶의 동반자이자 든든한 후원자가 된 남편은 언제나 내 삶의 원동력이 되었다. 대학 시절 나의 스윗 하트였던 남편은 고등학교 시절 미국에 유학하여 골프를 공부한 후 프로 생활을 한 골프전문가이다. 이후 30대 중반부터 미국에서 프로골퍼를 양성하는 지도자로 활동하며 분야에서 인정받는 스포츠 사업가로서 입지를 굳혔다. 특히 남편은 필자가 사회생활과 가정생활에서 부딪히는 다양한 문제에 대해 깊은 대화를 나누며 적절한 대처 방법을 찾도록 조언을 해주는 멘토이기도 하다.

사람들과 교류하며 배우고,
새로운 문제를 수용하고 극복의 자세 가지며

무엇보다 필자는 직장이나 사회에서 함께 일하며 시대적 고민을 나누고 해결책을 모색하는 동료, 선후배와 함께 일하며 지속적으로 사회를 배우고 업무적 성과들도 도출했다. 필자의 삶의 과정에서 함께 하는 사람들이 내 삶의 시발점이며 새로운 삶의 형성요인이기도 하다. 그런 만큼 필자는 항상 나와 주변을 통해 스스로를 평가하고 경쟁력과 한계를 발견하는 가운데 새로운 힘의 원천을 개발해가야 함을 이해한다. 비전 중심의 삶을 살아가기 위해서는 먼저 자신을 객관적으로 파악하는 눈과 결과에 대한 수용, 그리고 매 단계마다 부딪히는 문제를 극복하는 자세를 갖는 것이 중요하다. 오늘 아침 다시 한번 그 점을 파악하며 하루를 시작한다.

필자는 오늘 아침 긴 인생길을 돌이켜보는 가운데, 새로운 출발을 위해 현재의 나를 파악하며 미래의 나를 그려본다. 그리고 미래를 향한 의지와 열정을 다지며 비전 설정과 성취를 향한 핵심 사안들을 정리하며 제반 과정들을 점검해본다. 삶은 언제나처럼 다시 시작하는 길에서 그 의미를 깨닫고 재충전의 계기를 갖게 되기 때문이다.

비전에서 모든 게 시작된다

 '글로벌 기업 1세대 여성 CEO'이라는 타이틀을 가진 필자의 34년의 커리어를 요약할 수 있는 한마디는 도전이다. 사회초년생에서 19년의 경력을 쌓은 후 CEO가 되었고, CEO의 여정도 15년이다. 필자는 34년 동안 글로벌 기업인 피앤지, 머크, 바슈롬, 다논 등 4개 회사에서 일했다. 재직한 회사의 업종은 소비재, 제약, 의료 기기, 식품 등 4개 산업군에 속한다. 4개 산업군에서 일하며 근무한 지역은 한국, 미국, 일본 등 3개국이다. 이외에도 4년동안 LG에서 신사업 전략 고문, 1년 동안 대상그룹의 초록마을 대표 등 한국 기업에서도 일했다. 초록마을의 대표직을 끝낸 후 최근에는 그 동안 일했던 분야에서의 지식경험과 노하우를 기반으로 고령화 시대의 신성장 동력인 바이오산업 분야에서 새로운 회사를 출범시키며 스타트업 창업자와 주주의 역할을 하고 있다.

어버지의 부임지
미국에서 독립심과 경제개념 익히고

필자가 이러한 경력을 가지게 된 배경에는 아버지의 부임지를 따라 미국에서 중학교 2학년부터 대학 3학년 반학기까지 8년 동안 학업을 수행한 경험이 자리한다. 당시 교육부처에서 공무원으로 재직하신 아버님께서 주미 한국대사관의 교육관으로 발령을 받게 되어서, 필자는 중학교 2학년 때 가족들과 함께 미국으로 이주했다. 우리 가족이 정착한 곳은 미국 동부 버지니아주 맥클레인이었다. 처음 미국으로 갈 때만해도 필자는 몇 년 미국에서 살다가 한국으로 돌아와서 대학에 들어갈 것으로 생각했다.

그런데 아버지의 근무기간이 연장되면서 필자는 집 근처의 주립대인 조오지 메이슨George Mason 대학에 입학하여 회계학을 전공했다. 미국에 이주한 후 처음에는 영어가 힘들었다. 그러나 학교에 다니면서 ESL 클래스에서 영어를 배우고 실생활을 하면서 영어에 차츰 익숙해져 갔고, 3년 후쯤에는 영어로 소통하거나 학업하는 데

의식전환, 비전 정립하며, 도전하고, 성취한다!

어려움이 없을 정도가 되었다. 소위 몸으로 배운 영어인 만큼 8년의 미국 생활에서 영어만큼은 유창하게 구사하게 된 필자는 대학 졸업 후 한국으로 돌아와 영어를 강조하던 기업의 부서에 입사를 했다.

특히 미국에서 생활하면서 필자는 중학교 2학년때부터 아버지의 권유로 언니와 함께 집 근처의 도너츠 상점에서 5년 동안 방과 후 아르바이트를 했다. 아르바이트를 하면서 언니와 한조가 되어 각자 잘 하는 일을 분담했다. 우리는 손님이 주문한 도너츠 패키지를 만들어 손님에게 서빙하는 일을 했다. 살림 솜씨가 좋았던 언니는 주방에서 도너츠를 만들고 필자는 손님들에게 언니가 만든 도너츠 박스를 제공하며 돈 받는 일을 했다. 잘 웃고 명랑한 필자의 성격 때문인지 손님들은 내가 전달한 먹거리를 기분좋게 받았고 때로는 팁을 주는 손님도 있었다. 어쩌면 그 때부터 필자는 사람들을 기분 좋게 하고 스스로의 가치를 키우는 방법을 터득하게 되었는지도 모른다.

당시 아버지께서 우리 자매에게 아르바이트를 하도록 하신 이유는 아르바이트를 통해 독립성과 경제개념을 키우도록 하기 위해서였다. 그런 만큼 필자는 10대 중반부터 도너츠와 아이스크림 숍에서 아르바이트를 하면서 노동과 돈의 가치를 십분 이해하고 사회에 나가서 반드시 내 일을 해야겠다는 생각을 했다. 당시 대사관 자녀들 중에 이렇게 아르바이트 일을 하면서 학교를 다닌 아이들은 우리집 뿐이었다. 그 만큼 우리 부모님은 미국 가정처럼 자녀들에게 재정적인 자립심을 일찍 강조하셨다. 그런 만큼 필자는 중학교 때부터 대학 졸업 후 반드시 기업에 들어가서 일하며 경제적으로 자립하겠다는 꿈을 키우며 성장했다. 그래서 대학에 입학하면서 모든 기업에서 필요로 하는 회계업무를 하겠다는 목표를 세우고 언니가 선택한 회계학과에 입학하여 공부했다. 집에서 대학을 다녀야 한다는 아버지의 원칙에 따라 언니와 필자는 집 근처의 지역 대학에 다니며 학업을 하며 세상을 체험했다.

사실 당시 아버지께서는 3년정도 미국에서 근무를 하시고 다시 한국으로 돌아올 것으로 예정되어 있었다. 그런 만큼 우리는 한국으로 돌아와 외교관 자녀 특례로 대학에 입학할 것으로 생각했다. 그런데 아버지께서 미국에서 장기 근무를 하게 되어 우리 형제들은 미국에서 대학까지 졸업하게 되었다. 미국에는 아이비리그 대학을 비롯하여 각 주에 우수한 주립대학도 많지만, 우리 자매는 집을 떠나 대학에 진학할 엄두를 내지 못했다. 가부장적인 사고를 가진 아버지께서는 큰 아들인 오빠의 경우 집을 떠나 서부로 유학 가는 것을 허용했지만, 딸들의 경우에는 집을 떠나는 유학을 허용하지 않으셨다. 그 때만 하드라도 우리 집에서 아버지의 원칙과 생각은 반드시 지켜야 하는 법과 같은 권위를 가지고 있었기 때문에 어머니나 우리 자매는 아버지의 뜻을 거스르는 것은 생각도 할 수 없었다.

그래서 대학은 집과 가까운 워싱턴 디씨에 소재한 주립대인 조지 메이슨 대학을 선택했다. 수업이 끝나면 아르바이트하고 매일 저녁 집에서 가족들과 저녁 식사를 하기 위해 일찍 귀가를 했다. 돌이켜 보면 대학에 다니면서도 필자는 졸업 후 기업에 취업해 경제활동을 한다는 생각만 하면서, 중고등학교 때와 다름없이 학교에 가고 방과 후 아르바이트를 하는 일상적인 생활에 충실했다. 필자는 대학생활 동안 학교에서 리더십을 발휘하지도 않았고, 직업을 가진다는 계획 이외에 큰 야망을 가지지도 못했다. 다만 회계학을 전공으로 학업하며, 대학시절 내내 아르바이트를 하면서 용돈을 벌며 생활했다. 졸업 후 좋은 직장에 가서 사회생활을 해야겠다는 목표는 있었지만, 장기적인 커리어 비전은 없었다.

가족적 유대감을 강조하던 아버지의 선택으로
대학 졸업 후 한국으로 귀국

어쩌면 20대 중반까지 필자의 인생은 아버지의 직업과 생각에 의해 결정되었다고 해도 과언이 아니다. 미국에서 대학을 3년 반 만에 조기 졸업한 필자는 아버지의 임기가 완료되면서 다시 가족과 함께 한국으로 돌아왔다. 부모님께서 '가족은 항상 같이 살아야 한다'라는 철학을 가지고 계셨기 때문에 당시 필자는 미국에 남는 것은 생각도 할 수 없었다. 한국에 돌아오면서 생각했다.

'미국에서 아르바이트 경험 밖에 없는 내가 한국에 가서 무슨 일

을 할 수 있을까? 영어를 유창하게 잘 구사하고 쾌활한 내 성격을
살릴 수 있는 분야에서 일을 해야겠다.'

그런데 한국에 돌아오니 마침 미국에서 친하게 지냈던 초등학교
친구가 KBS에 근무하고 있었다. 당시 서울 올림픽준비가 한창이었
던 시기였고, 인원 충원이 계속 이뤄지고 있었기 때문에 필자는
친구의 추천으로 KBS올림픽 운영국의 코디네이터 직에 입사시험
을 치르고 취업했다. KBS에서 1년 반동안 필자는 세계방송사에서
일하는 다양한 사람들을 만나게 되었고, 일로서 나름 재능이 있다는
것을 처음 알게 되었다. 미국에서 오랫동안 살아온 덕에 NBC, EBU
등에서 파견된 기술자들 및 방송인들과 쉽게 친하게 지냈고, 어느
순간 내가 꽤 중요한 입지에 있다는 것을 알게 되었다. 하지만 KBS
는 당시 반공무원 조직처럼 운영이 되고 있었기 때문에 올림픽 이후
필자가 할 수 있는 일들은 매우 제한적이었다.

KBS에서 일적으로 별로 기대할 것이 없었던 필자가 친구들과 함
께 다시 입사시험을 보게 된 곳이 바로 신라호텔이었다. 88올림픽
개최 후 한국에서는 사회 각 분야에서 세계화가 본격적으로 시작이
되어, 많은 외국인들이 한국을 찾게 되었고 호텔업계가 호황을 이루
었다. 이 때 신라호텔 같은 고급 호텔은 좋은 근무조건으로 인해 여
성들에게 큰 인기가 있었다. 멋진 프로페셔널의 꿈을 안고 있던 당
시 필자는 커리어의 선택 기준이 매우 단순했다. 유니폼을 입는 자

리만 빼면 다 좋다고 생각했다. 그런 생각을 하다 보니 유니폼을 입지 않는 유일한 포지션은 판촉부라는 곳이었고, 한국말이 아직 서툴렀던 필자는 당시에 판촉이 영업직이라는 점을 미처 인지하지 못했던 것이다. 돌이켜보면, 필자의 영업과 마케팅 업무의 시작은 상당히 허무하다고도 볼 수 있다. 똑같은 유니폼을 입지 않는 업무를 찾다가, 결국은 직장에서 평생의 일이 된 직종을 찾게 된 것이다.

인생의 전환점을 맞이하고,
야망과 열정을 키운 신입 직장인이 되어

　미국 생활 8년 동안 충실하고 얌전한 학생이자 부모님의 자녀로만 생활했던 필자가 보수적인 한국에서 수년 후 글로벌기업의 여성 경영자로, 여성 CEO로 변신했다. 더구나 그 과정이 한 기업에서 장기 근속하며 승진한 것이 아니다. 필자는 지난 34년 동안 업계, 근무 지역, 규모를 달리하는 기업의 스카우트 제의를 수용하며 도전에 도전을 거듭했다. 그래서인지 내가 그런 과정을 거쳐 현재의 위치에 있는 것에 대해 필자를 예전부터 알았던 많은 분들이 놀라워한다. 사실 그 점에서는 필자 스스로도 계획할 수 없는 사회생활의 역동성과 알 수 없는 어떤 힘의 작용이 있다고 느낀다.

전환점이 될 수 있는 대약진의 결과,
내 인생의 전환점을 맞이하고

    그렇다면 필자 인생의 전환점은 언제 어디에서 일어난 것일까? 삶의 여정에서든, 기업에서의 활동에 의한 것이든 성과의 종류는 크게 세 가지로 대별된다는 것을 필자는 경험을 통해 알게 되었다. 그 하나는 '과거와 별로 다를 바 없는 결과', 두 번째는 '예측 가능한 개선된 결과', 그리고 세 번째는 '전환점이 될 수 있는, 대약진의 결과' 등이다.

    '과거와 다를 바 없는 결과'와 '예측할 수 있는 성과'는, 시작 자체가 '과거'에서부터 시작된다. 각자가 해온 삶의 경험을 바탕으로 미래를 계획하면서 나오는 결과이다. 기업을 경험한 예로 보아도 시장이 5% 성장했는데 자사도 5% 성장을 했다면, 내년에도 시장과 같은 성장을 할 것으로 예측할 것이다. 반면, '예측할 수 있는 좋은 성과'라고 하면, 시장이나 경쟁사에 비해 약 10% 성장 정도가 될 것이다. 비용절감은 약 15%, 혁신은 10%, 그리고 직원들의 만족도는 15% 정도 향상시키는 것 등이 예측할 수 있는 좋은 성과일 것이다.

    과거에 겪은 경험을 통해 미래를 예측하는 것은 아주 당연한 일이다. '과거'의 경험으로부터 예측하는 방식은 사실 우리에게 무엇을 해야 하고, 하지 말아야 하는 것을 가르치기 때문에 안전하고 효율적이다. 과거 경험을 통해, 실패를 피하고, 힘들거나 복잡한 상황에 부딪치지 않도록 조심하기 때문이다. 가장 보편적이면서도 결과를 낼 수 있는 비교적 안전한 방식이다.

커리어도 마찬가지이다. 만약 필자가 신라호텔 영업부서에 계속 있었다면, 예측할 수 있었던 최선의 결과는 과연 무엇일까? 단언하기는 어렵지만, 당시에 과장까지 올라간 여성이 있었기 때문에, 과장까지는 갔을 것이다. 당시 내가 예측할 수 있는 미래는 거기까지였다.

대약진은
미래의 비전이 주는 힘에서
시작된다

그렇다면, 대약진을 하는 사람들이나 기업들은 도대체 어떻게 이런 결과를 가져올 수 있을까? '대약진'이라고 불리기도 하는 성과는 '과거'의 경험을 근거로 한 '예측 가능한 패턴'과는 분명히 별개로 움직이는 것을 알게 되었다. 때로, 그다지 눈에 띄지 않았던 사람이 몇 년 후에 상상할 수 없는 엄청난 모습으로 우리 앞에 나타나는 경우를 종종 볼 수 있다. 빠른 시간에 수백 억의 자산 가치를 지닌 회사를 운영한다거나, 탁월한 성과로 고속 승진을 하는 등등.

일반적으로 예측할 수 있는 성과보다 훨씬 압도적으로 성공하는 사람들이 있다.

"얌전하고 눈의 띄지도 않았던 친구인데, 어떻게 저렇게 되었을까?", "어떻게 하면 이것이 가능한 것일까?" 라는 의문을 갖게 된다.

많은 경우, 이런 사람들은 보통 사람들에게는 주어지지 않은 '천운'이 있거나 횡재를 했겠지'라고 간주하며, 본인에게는 결코 그런 일이 일어나지 않을 것이라고 생각하는 경우가 많다. 그런데 대약진을 하는 사람들은, 대약진을 위한 '미래의 비전'을 가지는 데서 시작한다는 것을 알게 되었다.

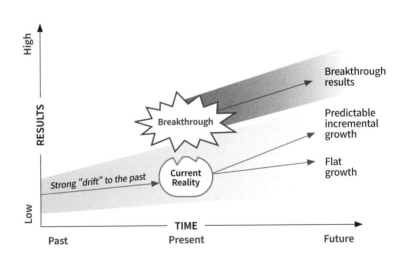

표1-1. 시간별 돌파구 성과표

표1-1은 돌파구 성과Breakthrough Performance를 나타내는 것으로, 경영컨설팅 회사인 인시그니암Insigniam 사로부터 코칭교육을 받았을 때 봤던 그래프다. 당시에 필자는 이 그래프를 접하고 난 후 사업의 돌파구를 마련할 수 있었다. 그 이후로 필자는 이 그래프를 항상 간직하면서 어려운 고비가 있을 때마다 새로운 힘을 얻었다.

우선 세로축Vertical Axis은 개인적인 일이든 또 회사에서의 일이든, 본인이 내야 하는 성과와 결과 수준이다. 가로축Horizon Axis은 흐르는 시간이다. 시간은 과거, 현재, 그리고 미래로 구성된다. 물론 과거, 현재, 미래는 초 단위, 분 단위로 순식간에 규정이 되기도 하지만, 넓은 의미로 그리 정했다.

많은 사람들은 현재를 규정할 때, 과거로부터 온 강력한 물결 Strong drift from the past, 즉 과거로 인해 현재가 있다고 믿는다. 그리고 그 현실을 그대로 미래까지 끌고 간다. 과거의 행동, 모습, 패턴을 그대로 가지고 간다. 한마디로 '물 흐르듯이 과거로부터 현재, 그리고 미래'를 추론한다.

과거를 통해 미래를 예측하는 것은 당연하다. 회사를 다니면 우리는 늘 예측Forecasting이라는 것을 한다. 매년 사업계획을 세울 때 혹은 내년 목표를 세울 때 가장 안정적으로 사용하는 방식이 과거와 현재 성과를 낸 방식과 그 성과를 근거로 미래를 예측한다. 여기서 조금만 노력하면 '예측 가능한 개선된 성장Predictable incremental growth'이라 할 수 있다. 이 두 가지의 성과는 상당히 일반적이고 우리는 이런 패턴의 사업과 사람들을 주변에서 많이 만날 수 있다. 물론 이들도 과거를 미래까지 가져가는 데도 엄청난 노력이 필요하다고 이야기를 하고, 요즘 같이 속도가 빠른 시대에는 더욱 그렇다.

대도약하는 사람은
미래를 기대하면서 현재 시점에서 큰 성과를 낸다

그런데 이 와중에도 '도약'적인 결과를 내는 사람들이 있다. 도약적인 결과를 내는 사람들을 보면, 이미 '현재' 순간에도 엄청난 결과를 내고 있다. 과거의 패턴에서 찾을 수 없는 엄청난 성과이다. 과거와 현재의 관점에서 집중Zoom해서 본다면, 이해가 가지 않는 패턴이다.

어떤 일이 일어난 것일까? 그래프를 전체적으로 천천히 펼쳐보면, 그 원인을 알 수가 있다. 도약적인 결과를 보여주는 '선'을 쭉 따라 한번 올라가보자. 선의 시작이 어디서부터인지 보면 알 수가 있다. 도약적인 성과를 내는 사람들은 선이 '미래'의 아주 높은 곳에서부터 시작한다는 것을 알 수 있다. 이 선이 미래에서 현재로, 오른쪽에서 왼쪽으로 따라 내려오게 되면 현재에 와있다. 미래를 아주 높은 수준으로 잡고, 그 시각에서 현재를 바라보는 것이다. 미래의 시각에서 현재를 바라보면 나의 행동이 과거와 다르게 바뀔 수 밖에 없다. 이것이 비전의 힘이다.

필자는 대학 졸업 후 입사한 KBS나 신라호텔에서는 '예측할 수 있는' 미래만 있었고, '대약진'의 비전을 찾을 수가 없었다. 물론 당시 이 회사들은 여성들이 들어갈 수 있는 최고의 직장이기도 했다. 월급도 높은 수준이었고, 개인적으로는 중,고등학교를 미국에서 다닌 장점을 십분 활용해서 모국어처럼 영어를 구사할 수 있고, 또 실력있는 사람들과 일하면서 지적 능력을 높일 수 있는 곳이었다. 하지만 여성으로서 약진할 수 있는 비전은 없었다.

그렇다면 나에게 '인생의 전환점이 될 수 있었던 비전'은 무엇이었고, 그 원동력은 무엇일까?

의식전환, 비전 정립하며, 도전하고, 성취한다!

강력한 비전은
오늘의 행동을 바꾼다

1985년 필자가 입사한 한국 피앤지P&G는 세계적인 소비재 회사로 한국에 법인을 설립한지 2년 미만의 외국계 기업이었다. 그런데 신라호텔에서 2년 경력을 갖고 들어간 피앤지는 필자에게 '기업의 대표, 즉 CEO'라는 비전을 심어주었던 것이다. 지금이야 어느 정도 주변에 여성 대표들도 볼 수 있고, 특히 스타트업 여성 창업자 대표들도 증가했기 때문에 여성 CEO가 충분히 꿈 꾸고 성취할 수 있는 비전이기는 하다. 그러나 당시만해도 기업의 대표이사라는 것은 그것도 사회적 경험이 별로 없는 22세 여성이 소망할 수 있는 비전이 아니었다.

피앤지, 미래의 사장이 되는 비전을 제시하며
목표 세우고 꿈을 키우도록 독려

당시 필자의 상사는 현재 롯데그룹 유통 부회장으로 재직중이신 김상현 차장이었다. 미국 동부의 펜실베니아대학에서 수학한 재미 교포로써 피앤지 본사에서 마케팅 브랜드매니저로 일하던 김상현 차장은 한국 지사를 설립하기 위해 온 분이었다. 김상현 당시 차장은 후에 피앤지 코리아 대표, 피앤지 남아시아 총괄대표, 한국 홈플러스 대표를 역임한 후 아시아 거대 유통 기업의 대표를 역임했다. 유통 부문의 대표적인 기업에서 경영자로 일한 김상현 차장은 현재 롯데그룹 유통 부회장으로 재직중이다. 화려한 이력을 가진 분이지만 무엇보다 필자에게는 둘도 없이 감사한 분이다. 그 이유는 필자의 가능성을 처음 찾아주신 분이며, 오늘의 필자가 있기까지의 첫 문을 열어주신 분이기 때문이다. 이 분이 당시 갓 입사한 마케팅부 신입사원들에게 전해준 메시지는 아직도 필자의 기억에 생생히 남는다.

"우리 피앤지는 여러분들을 향후 '사장'이 될 수 있는 사람들로 보았기 때문에 미래 가능성을 보고 채용했습니다. 그렇기 때문에 여러분들은 오늘부터, 이 목표로 일을 해야 합니다."

P&G의 상사가 회사의 비전을 공유하기 전에 직원 개개인의 비전부터 심어주는 것이 필자에게는 너무도 뜻밖이었다. 국내 기업에 막

의식전환, 비전 정립하며, 도전하고, 성취한다!

입사한 새내기에게 차장은 하늘과 같은 존재였다. 당시 피앤지에 입사하자마자 들었던 첫 메시지가 지금도 귀에 생생하게 남는다.

"우리는 사장이 될 사람들을 뽑은 것이니, 지금부터 여러분 모두 사장이 될 수 있는 역량을 키우세요."

사업적 성과와 정성적 리더십을 평가하여 승진시키는 합리적인 인사제도

파격적인 이 말에 우리는 '어떻게 CEO가 될 수 있는지'에 대해 질문했다. 당시 김상현 차장은 성과를 판단하는 데는 크게 두 가지의 평가 기준이 있다고 말했다.

"하나는 '본인이 스스로 이룬 사업적 성과', 두 번째는 '성과를 내기 위해 발휘해야 하는 정성적 리더십 행동'을 평가합니다."
이 두 가지의 성과 즉, 사업의 기여와 리더십 평가를 약 5:5로 반영한다는 것이다.

피앤지는 외부에서 어떤 경력을 가지고 있어도 모두 브랜드 어시스턴트Brand Assistant라는 포지션부터 시작되는 원칙을 고수했다. 그 때문에 과거 경력이 아무리 많아도, 모두 신입처럼 브랜드 어시스턴트부터 시작한다. 막 대학 졸업을 한 친구나, MBA를 하고 온 친구나, 필자처럼 한국 기업에서 3년 정도 일하고 들어온 친구나,

대기업에서 과장까지 한 친구도, 모두 브랜드 어시스턴트부터 시작한다.

그런 원칙은 외부의 경력이 중요하지 않아서가 아니라, 피앤지 마케팅을 체계적으로 배우고 시작해야 한다는 강한 믿음에서 비롯된다. 이런 원칙에 대한 불평을 하면 회사에서는 '이전 경력이 많다면 그만큼 남들보다 빨리 성과를 낼 것이고, 빠르게 승진을 하면된다'라고 일축했다. 오직 경험을 통한 '결과'와 '리더쉽' 가능성만을 보고 채용을 하는데, 입사 전의 경력도 별반 중요하지 않고 나이도 중요하지 않았고, 출신학교도 중요하지 않았다. 그러니 하물며 여성, 남성을 가리겠는가? 당연히 가리지 않았다. 이 원칙은 끝까지 지켜졌다.

의식전환, 비전 정립하며, 도전하고, 성취한다!

비전 성취하는 로드맵 실행,
경쟁하며 성과 도출

　돌이켜보면, 피앤지의 오직 실력과 성과, 가능성만 보는 인재전략이야 말로 젠더 이슈를 극복할 수 있는 유일한 방법이라는 생각이 든다. 본인의 성적에 따라 등수가 갈리는 학창 시절에 남, 녀 성별의 차이가 없듯이 기업도 실력과 성과만 존재한다면 얼마든지 다양한 인재들이 발굴되고 성장할 수 있다.

CEO가 되는 로드맵 제시하며 UP or OUT 제도 운용,
인재개발의 선순환 구조 형성

피앤지는 우리에게 CEO가 되는 구체적인 로드맵도 보여주었다. 브랜드 어시스턴트Brand Assistant를 하면서 일반적으로 2년 정도 치열한 성과를 내면 ABMAssistant Brand Manager가 된다. 이후 ABM 역할을 2-3년 동안 치열하게 수행하면 성과에 따라 브랜드 매니저Brand Manager가 될 수 있다. 브랜드 매니저가 된 후 몇 개의 브랜드 사업을 성공적으로 이끌면 마케팅 디렉터가 된다. 그래서 브랜드 매니저와 마케팅 디렉터가 되기 위해 치열한 경쟁이 벌어졌다. 그런 만큼 팀원의 40-50%는 브랜드 매니저가 되기 전에 퇴사를 한다. 그리고 나머지는 20-30% 정도가 마케팅 디렉터가 되기 전에 그만두기 때문에 선순환이 된다. 이것이 피앤지의 올라가지 못하면 나가는 UP(올라가던지) or OUT(나가던지)제도이고, 대부분의 외국 기업은 UP or OUT제도가 자연스럽게 운영이 되었다.

명확한 비전, 로드맵, 평가기준과 함께
리더십 개발 위한 What Counts Factor 제시

피앤지는 우리 모두에게 명확한 비전을 주었고, 로드맵도 명확했고 평가기준도 명확했다. 매 단계마다 치열한 경쟁을 치러야 했다. 필자는 이 과정을 겪으면서, 나의 리더십 가능성, 나의 장점과 단점을 매우 구체적으로 이해하게 되었다. What Counts Factor는 지금도 외울 수 있을 정도로 구체적이었다. 이렇게 구체적이고 명확한 성과지표가 제시되기 때문에, 20년 후의 내 모습, 그리고 그 과정을 이해할 수 있게 되어 있어. 성과를 내기 위해 몰입을 하지 않을 수 없었다. 돌이켜 생각해보면, 피앤지라는 회사에 입사하여 비전과 로드맵을 접할 수 있었던 것은 필자에게 엄청난 기회이고 행운이었다.

필자는 11년동안 피앤지를 다니면서, 글로벌 기업의 사장이 될 수 있는 방법과 역량을 터득했고, 스스로도 사장이 될 수 있다는 자신감을 얻었다. 지금 돌이켜보면 경험적으로 많이 부족했지만, 강도 높은 실전 경험으로 못할 게 없다고 생각했고, 사장이 될 수 있는 과정을 단계별로 밟기 시작했다.

'열심히 하면 너도 얼마든지 사장이 될 수 있다'는 비전, 대도약의 토대

필자에게 인생의 전환점이 될 수 있었던 것은 단연코 피앤지에서의 CEO비전이었다고 말할 수 있다. 우리가 존경하던 상사는 거리낌 없이 우리에게 늘 말했다.
"열심히 하면, 너도 얼마든지 사장이 될 수 있다."

피앤지는 신입이든 경력이든 가리지 않고 모든 팀원에게 사장의 비전을 가지라는 일반적인 말과 함께 구체적인 로드맵을 제시했다.

그 로드맵 속에 필요한 능력들을 제시했고, 과정들이 관리되었기 때문이다. 그런 만큼 필자의 행동의 변화는 날이 갈수록 힘을 얻었고, 어떠한 개인적 위기도 나를 멈추게 하지 않았고, 아무런 문제가 되지 않았다. 회사가 주는 비전을 가지고 하루하루 생활하면서 세 아이를 출산한 후, 육아 휴직도 제대로 쓰지 않았다. 그러면서도 스스로 가사를 돌보며 양육을 했지만, 단 한번도 일을 포기해야겠다고 생각해본 적이 없었다. 필자의 경우처럼 비전과 구체적인 로드맵, 그리고 배울 수 있는 기회가 있다면 평소 상상도 할 수 없는 큰 에너지를 얻게 되는 것이다.

의식전환, 비전 정립하며, 도전하고, 성취한다!

칼 럼 6

비전 성취하게 하는
놀라운 능력의 근원

　글로벌 기업에서 30여년 동안 일하고 이제 스타트업 대표로 새로운 도전을 시작하는 필자는 2023년 봄 57세가 되었다. 필자를 글로벌기업 1세대 CEO라고들 말하지만, 사실 필자보다 훨씬 먼저 글로벌 기업에서 한국은 물론 세계적으로 성공하고 은퇴한 훌륭한 선배들이 많다. 또한 글로벌 기업에서 업무 경험을 쌓은 후 국내 기업에서 일하는 친구들도 많이 있다.

　물론 한국 기업들도 글로벌 기업으로 성장해서 글로벌과 국내 기업을 구분하는 것이 과거에 비해 의미가 퇴색되었다. 유럽과 미국

등에 본사를 둔 글로벌 기업과 국내 기업과 여러 가지 차이가 있지
만, 문화를 좌우하는 단 한가지를 꼽으라고 하면, 'WHAT COUNT
FACTOR'라고 말할 수 있다.

인사평가 툴이며 능력개발의 강력한 툴
'What Count Factor'

What Count Factor라는 것은 한마디로 '일의 방식'을 규정한 것
이다. 이것은 개인의 평가, 개발, 승진의 기초가 되는 매우 강력한
인사평가툴HR Tool이며, 대개는 민주적으로 치밀하게 운영된다.

What Count Factor라는 말 그대로 본인과 회사가 성장하는데
가장 핵심적인 행동과 능력들을 규정하고, 각 레벨별로 요구되는 능
력들을 구체적으로 정리한다. 그래서 그 능력과 성과에 도달하지 않
으면 그 사람은 절대로 그 레벨로 올라갈 수가 없을 만큼, 매우 합리
적으로 운영된다. 피앤지의 What Count Factor도 시대에 따라 진
화되었을 것이다. 30년전 당시 피앤지가 요구했던 것은 5가지의 주
요 업무 능력이었다. 다음은 피앤지가 제시한 What Count Factor
이다.

What Count Factor

첫째,
문제해결/전략적 사고 Problem Solving/ Strategic Thinking

피앤지는 사업가를 원했고, 사업가의 가장 중요한 능력은 치밀한 분석력을 바탕으로 전략적 제안과 판단을 할 수 있어야 한다고 규정한다. 지금은 주변에 스타트업을 하는 친구들도 많이 있다. 그러나 당시만해도 대리로 입사한 브랜드 어시스턴트Brand Assistant가 CEO처럼 전략적 판단을 내려야 한다는 것은 상상할 수 없는 일이었다. 그러나 회사는 이를 가장 중요한 리더십 역량으로 꼽았고, 경험이 별로 없는 대리에게도 문제 해결과 치밀한 분석과 기획력을 요구했다.

둘째,
먼저 주도하고 끝까지 추진하기 Initiative & Follow Through

프로젝트를 먼저 제안하고 끝까지 포기하지 않고 추진하는 결과를 이끌어내는 관리적 능력이다. 국내기업에서 찾기 힘든 역량이 바로 앞 단에 있는 주도Initiation 이었다. 팀에서 먼저 일을 제안하는 것은 '튀는 행동' 또는 '잘난 척하는 행동' 또는 '남도 일을 하게 만드는' 것으로 인식이 되는 것을 느꼈다. 탑다운Top down 문화에서 윗사람이 시키는 일을 끝까지 하는 것과 상반된 역량이다. 반드시 이 부분을 지향하고 측정할 수 있도록 해야 한다.

셋째,
창의로운 사고 Creativity

차별화되고 획기적인 아이디어를 낼 수 있는 능력이다. 사실 외국 기업과 국내 기업을 다니면서, 두 기업문화에서 확연히 다른 게 있다면 바로 이 능력일 것이다. 팀웍, 소통, 분석력 등은 외국계나 한국계나 크게 다르지 않지만, 창의력을 요구하는 것은 사실은 조직에서 튀지 않는 문화, 나서면 안되는 문화와 배치되는 능력의 핵심이다. 창의로운 생각을 주저없이 공유해도 비판을 받지 않는 문화가 되어야 이 능력이 객관적으로 평가가 될 수 있다.

넷째,
협력 Collaboration

외부 및 내부 팀과 시너지를 낼 수 있는 능력이다. 이 또한 국내 기업에서 어려움을 느끼는 부분이다. 때로는 협력을 권리침해로 인식하고 팀웍을 거부하는 리더 밑에서 일하는 것은 고통 그 자체이다. 신입사원때부터 이 능력을 평가해서 측정하고 승진에 반영해야 한다. 무엇보다 협력은 필수 역량으로 신입사원부터 측정되고 관리되어야 한다.

다섯째,
커뮤니케이션 Communication

듣는 능력이 뛰어나고, 짧게 요약하고 발표할 수 있는 능력이라고 볼 수 있지만, 결과와 성과를 가져오게 하는 소통 능력이다. 피엔지의 소

의식전환, 비전 정립하며, 도전하고, 성취한다!

통은 One page Memo로 CEO 마인드로 서류와 이메일로 쓰도록 하는 것을 훈련시킨다.

피앤지는 소통을 단순히 경청과 명확한 소통을 의미하기보다, 개개인의 리더쉽과 책임감을 어필하는 소통을 의미한다. 피앤지에서는 One Page Memo가 매우 유명한데, One Page는 워드 1페이지에 사업의 모든 문제 해결책을 제안하도록 했다. 절제된 언어들로 아루어진 One Page Memo로 원하는 것을 얻는 것이다. 유명한 One Page Memo를 여기서 한번 공유하도록 하겠다.

피앤지가 요구하는 One Page Memo는 5개 항목이 반드시 들어간다.

1. **Objective** (메모의 목표)
2. **Background** (배경)
3. **Key Points** (주요 포인트 요약)
4. **Conclusion** (결론/추천 요약)
5. **Next step** (다음 스텝)

피앤지의 유명한 One Page Memo는 본인이 주도하여 상황을 분석하고, 주요 포인트를 요약하고, 결론과 다음 스텝까지 제안하는 것이다. 본인이 하는 업무가 회사에 직접적인 영향을 주고 있다고 느끼게 하며 절대적인 책임감을 갖도록 한다. 또한 마케팅이나 매출을 주도하는 영업이 아닌 지원부서가 사업적 제안을 한다는 것은 더더욱 어려운 일이다.

피앤지나 아마존과 같은 기업은 바로 이러한 문제들을 해결하기 위해 전사적으로 같은 양식의 문서를 요구한다. 아무리 큰기업이라고 해도 모든 업무는 회사 재무재표에 직간접적으로 영향을 미치기 때문에 전직원이 사업에 책임을 지도록 하고 이러한 통일된 문서구조를 통해 전사적으로 사용하도록 하는 것이 중요하다.

4단계 인사 평가 통해
승진과 이직의 선순환 구조 만드는 인재양성 시스템

필자가 근무할 당시 피앤지의 마케팅 직원들은 평가의 50%를 먼저 사업매출 달성, 시장점유율 달성지표로 하는 한편 나머지 50%는 What Count Factor 리더십 역량을 반영했다. 평가는 4등급으로 나뉘어진다. Exceptional매우 탁월한 성과, Strong우수한 성과, Solid 탄탄한 성과, Below expectation기대 이하 등으로 구분된다. Below expectation기대 이하을 두 번 받게 되면 회사를 떠날 수 밖에 없는 부담을 느끼게 된다.

회사는 평가의 50%를 차지하는 바로 이 리더십 역량들을 키우는 데 주력을 한다. 그 목표를 위해 마치 학교를 다니는 것처럼 직원들 모두 강력하게 트레이닝을 받았다. 그래서 흔히들 피앤지를 마케팅의 아카데미라고 한다.

상사와 주변인의 피드백에 리더십 평가 받으며
각자 장점과 단점 발견

이 리더쉽 능력들은 입사 인터뷰의 직원 선발을 위한 질문에도 그대로 사용된다. 피앤지는 구체적으로 이러한 경험을 가진 직원들을 선발하기 때문에, 인재를 바라보는 평가가 체계적이고 합리적으로 이루어진다. 매년 2차례 개인에게 상사가 이 항목에 맞춰 피드백 Feedback을 서술로 기입하게 되어 있다. 또한 360도 피드백이라 하여 직원과 함께 일하는 사람들로부터 이 기준에 따라 피드백을 받고 공유한다.

물론 모든 역량 항목들을 골고루 잘할 수는 없고, 사람마다 분명한 강점과 단점이 있다. 그러나 본인이 무엇을 어떻게 잘하고 어떤 점들을 개발했으면 하는지에 대한 평가가 명확하고, 개발해야 할 니즈에 맞춰져있기 때문에 상사와 함께 훈련을 기획하고 받도록 한다.

이러한 프로세스는 머크, 바슈롬, 다논 등에서도 마찬가지로 운영이 되었다. 프랑스 식품기업인 다논의 경우에는 요구되는 능력의 항목이 조금 달랐다. 그 이유는 스타트업으로 시작된 기업문화가 반영되었기 때문이다. 다논의 경우는 5가지의 리더쉽 역량을 요구했는데, 이 역시도 각 항목별로 매우 구체적인 행동 예시들을 제시했다. 그리고 그 행동 예시들은 레벨이 올라가면서 더 높은 역량 수준을 요구한다. 치밀하고 구체적인 행동 예시들이 있어, 평가를 내리는 것에 그치는 것이 아니라, 그 직원이 더욱 성장하고 개선할 수 있도록 직원과 상사가 함께 노력을 한다.

개인의 역량과 능력에 대한 명확한 평가,
제대로 된 보상 제도는 동기 부여의 원동력

필자가 국내 기업의 대표로 일을 했을 때 가장 어려웠던 것이 개인의 역량과 능력이 제대로 평가에 치밀하게 반영이 되거나, 보상에 반영되지 못하는 점이었다. 사업적 숫자를 근거로 대부분 평가를 내리긴 하지만, 사업적 결과도 대부분 팀으로 이루어지기 때문에 팀평가와 같이 가는 경향이 대부분이었다. 그러다 보니 같은 팀에서 일을 많이 한 직원이나 그다지 열심히 하지 않은 직원이나 등급에 차이도 크지 않고 보수 차이도 별로 없었다. 그 때문에 능력 있는 친구들에게 동기부여가 제대로 되지 않는다는 점을 알게 되었다. 외국계 기업의 경우 평가 등급에 따라 연봉의 차이가 20-30% 차이가 나고, 승진도 당연히 빠르게 되는 것과 상이한 부분이다.

개인의 능력이 조직의 상급자까지 보여지지 않는 조직, 능력보다는 순열주의가 우선인 회사, 능력이 있다고 모든 일이 본인에게만 떨어져 소진Burn Out되는 상황, 일을 잘해도 그만큼 보상이 따라주지 않는 회사 등이 여기에 해당한다. 이외에도 나열할 수 있는 상황은 많다. 결국 이런 상황이 계속된다면, 능력 있는 직원들이 회사를 떠날 수 밖에 없다.

직원의 지속가능성장 위해
비전과 로드맵을 주고 공정한 경쟁환경 조성해야

지속가능성장을 해야 하는 기업이라면, 반드시 성장과 도약을 원하는 직원들이 기업에 남도록 해야 한다. 그럴려면 회사는 무엇보다 개인에게 비전과 로드맵을 보여주고 개인의 능력을 다각도로 관리해주고 개발하도록 해야 한다. 필자는 이것을 기업이 추구해야 할 '공정한 경쟁환경Fair Ground'의 기본이라고 생각한다.

요즘 남녀평등Gender Equality에 대해 이야기할 때 과연 기업이 여성과 남성이 공정한 경쟁환경에 있는지 먼저 고려해야 한다. 그리고 이러한 공정한 기반을 위해 기업들이 반드시 도입해야 하는 것이 바로 개인에게 커리어 비전을 부여하고, 로드맵을 지원하며, 능력을 키워주는 What Count Factor와 같은 HR 시스템이다. 이것이 체계적으로 운영되는 글로벌 기업의 조직문화에서 다양한 인재들이 키워지는 것과 동시에 여성 인재들도 성장하게 될 것이다.

업무와 역량 및 성과만을 평가하고 지원하는 기업은
직원을 몰입시킨다

많은 사람들이 필자를 바라볼 때 성공의 트랙을 간 여성으로 간주하며, 그 비밀에 많은 관심을 가지고 있다. 세 아이를 키우면서 어떻게 그렇게 일에 몰입할 수 있는지에 대한 질문도 많다. 필자는 그 질문의 답을 "나를 몰입시키는 업무와 역량 및 성과만을 평가하고 지원해주는 기업에서 일을 했기 때문이다"라고 심플하게 말한다.

그리고 무엇보다 가정생활을 일과 병행하는 필자에게는 필자의 열정을 지지해주고 함께 여정을 함께 가는 가족들이 있기 때문이라고 말한다. 여기서 다시 강조하지만, 일과 가정생활을 병행하는 여성커리어라면 가족은 물론 친구와 주변 지인과 팀웍을 이뤄서 각자

의식전환, 비전 정립하며, 도전하고, 성취한다!

의 삶의 방식과 환경에 대한 공감대를 형성하고 서포터즈를 형성하는 것이 매우 중요하다.

제 1장 자신의 성장 가능성 기반으로 비전 세우기

제 2 장

실전 비전세우기와
로드맵 터득하기

미래의 모습 그리며
비전 정립

　최근 몇 년 동안 필자는 후배양성을 위해 멘토링 기회를 많이 가졌다. 그 때마나 멘티들이 한결같이 말하고 물어보는 질문들이 있다.

　"사장님은 사회 초년생 때 정말 좋은 회사에 다니신 것 같습니다. 우리 조직은 이런 비전을 나에게 주지 않습니다. 설사 그 비전을 준다해도, 내가 그것을 원하는지 알 수도 없습니다. 이럴 때 어떻게 하는 게 좋을까요?"

　너무도 공감이 가는 말이다. 회사가 먼저 나서서 비전을 주지 않고 일만 열심히 하라고 하는데, 혼자 CEO 비전을 만들기가 어렵다.

필자가 사회생활을 시작할 때, 피앤지와 같이 미래의 비전을 명확히 제시해준 회사에 입사한 것은 엄청난 행운이었다. 피앤지는 미래의 비전을 보여준 회사이기도 했지만, 모든 단계를 잘 극복하고 나갈 수 있는 조력자의 역할도 해주었다. 인생이 항상 탄탄대로면 좋겠지만, 현실적으로 그렇게 되기는 힘들다. 때로는 추진하는 것마다 안 되고, 어려운 시기들이 누구에게나 닥칠 수 있다. 그런 만큼 아무도 비전을 보여주지 않을 때 어떻게 비전을 세워야 할지 막막한 경우가 대부분일 것이다.

주변에서 보면 일에 대한 자신은 어느 정도 있는데, 야심찬 커리어의 비전을 만들어 내기가 정말 어렵다는 친구들도 정말 많다. 그 친구들을 위해서는 필자는 여기서 내가 사용하는 방법을 전달하고 싶다.

커리어의 비전을 찾을 수 없을 때, 어떻게 해야 할까?

필자는 커리어에서 길이 보이지 않을 때 생각한다.
'이대로 내가 계속 이 일을 했을 때 미래의 내 모습은 어떻게 될까?'

그런 생각과 함께 필자는 3년 후를 상상한다. 3년 후의 내 모습이 행복한 모습인지, 아니면 끔찍한지를 생각해 본다. 우선 2-3년 후의 모습을 상상한다. 새로운 비전을 만들어야할 시기에는 충분한 시간을 허용해야 한다. 그 때 휴가를 낼 수 있다면 제일 좋다. 스스로의 목소리를 듣기 위해 집중이 필요하기 때문에 최소한 1주일 정도 각자 가장 편한 곳에서 자신에게 집중할 수 있는 곳에 가서 생각을 하는 것이 필요하다.

그 때 스스로 진정 되고 싶은 모습을 글로 표현해본다. 필자는 마케터이기 때문인지 모르지만 먼저 스스로를 모진이라는 브랜드로 상상하고, 표현해보고 문장을 한번 만들어 본다. 이 방법은 우리가 어떤 제품을 시장에 판매할 때, 어떻게 그 가치를 고객들에게 전달하는지를 생각해보는 것과 크게 다르지 않은 것 같다. 그만큼 스스로를 떨어져서 바라보며, 객관화하는 과정이 필요하다.

필자는 풀무원다논 대표이사직을 성공적으로 수행한 후, 다논과 LG그룹의 컨설팅과 고문직을 시작하면서, 제2의 커리어를 다시 생각하게 되었다. 풀무원다논은 풀무원과 세계적인 건강식품기업인 다논이 5:5로 출자한 합작회사로 필자는 여기서 7년을 근무했다. 풀무원이 지분을 더 사서 경영권을 확보하게 되어, 다논으로 입사한 필자는 사임을 하였다. 이후 다논에서 필자에게 동유럽쪽의 메디컬 뉴트리션 사업부의 사장 기회를 제안했지만, 필자는 가족과 떨어져 외국으로 나가 근무하는 것은 더 이상 원하지 않아서 수락하지 않았다. 다시 비전이 보이지 않았고 무엇을 해야 할 것인지 혼란스러웠다.

의식전환, 비전 정립하며, 도전하고, 성취한다!

프랑스 다논의 최초 아시아계 여성 대표를 역임한 모진 대표는 2011년부터 7년 동안 세계적인 건강식
품기업 다논과 풀무원이 합자한 풀무원다논의 대표를 역임하며 경영자적 리더십을 발휘했다.

2017년 당시 신설법인 데임즈를 설립했다. 데임즈는 마담에서 유
래한 단어로 'Women With The Title'이라는 뜻으로 필자가 그동
안 터득한 업무역량을 기반으로 멘토링과 컨설팅 사업을 시작하기
위해 설립했다. 또한 다논 고문을 하면서 에비앙 마스크팩 프로젝트
를 추진하게 되었는데, 이미 개발이 끝난 제품을 그대로 포기할 수
가 없어서, 퍼니PHANY 브랜드를 출시하며 코스메틱 사업도 시작했
다. 퍼니PHANY는 영어 에피파니EPIPHANY에서 유래하는데, 운명

적 만남과 깊은 통찰력을 의미하며, 필자가 안티에이징 사업을 시작하게 된 배경이 된다. 필자는 퍼니를 론칭한 후에 뷰티 시장에서 성과를 낸 경력자 대표를 영입한 후 주주로서의 역할에 충실해야겠다는 생각을 하고 국내 기업인 초록마을 대표로 가게 되었다.

그러나 믿었던 전문경영인이 주도한 코스매틱 사업은 기대한 것만큼의 성과를 내지 못했다. 벤처캐피탈사로부터 투자를 받아 새롭게 시작한 데임즈 뷰티 사업은 여러 이유로 사업이 순조롭게 진행되지 않았다.

그 때문에 잘 할 것으로 기대하고 필자가 영입한 대표이사와의 불화가 생기는 일들이 잦아졌다. 필자 역시 초록마을 대표로 열심히 일을 했지만, 조직문화가 맞지 않아 취임 1년 만에 회사에 사표를 내고 나오게 되었다.

그런 후 데임즈 대표이사가 사임을 하고 나서, 필자가 주주로서 뷰티 사업을 다시 추스리기 시작했다. 당시 필자는 '지금까지 내가 누렸던 많은 것들을 포기하고 제로 베이스에서 생각해야 한다'라는 점을 인지했다.

의식전환, 비전 정립하며, 도전하고, 성취한다!

갈등과 고민의 시간 갖고
해결의 돌파구 모색

2022년 초 필자는 개인적으로 처한 상황이 좋지 않았기 때문에, 미래가 잘 가늠이 되지 않았다. 그래서 필자는 마음을 잡지 못하였고, 내면에 여러 가지 생각이 교차되었다. 회사의 대주주로서, 오너 경영자로서 주어진 책임을 다해야 하면서도, 다시 글로벌 기업의 전문경영인으로 돌아가고 싶은 마음도 컸다. 또한 남편이 있는 미국에 가서 일을 하고 싶은 마음도 있었고, 업무에 필요한 공부를 더 하고 싶은 마음도 들었다. 그 즈음 필자는 사회초년생, 커리어 중간에 있는 친구들과 크게 다르지 않은 커리어에 대한 고민을 계속했다.

갈등과 고민의 시간 후
가장 밑바닥에 도달하여 새로운 힘을 얻다

그러나 그런 갈등과 고민의 과정 후에 돌파구가 만들어졌다. 더이상 갈 곳이 없다고 느낄 때, 그리고 더 이상 떨어질 곳이 없다고 느낄 때 어떤 힘이 생기는 것 같다. 나를 둘러싼 환경이 이전과 달라졌고, 나를 필요로 하는 기업들이 더 이상 없을 수도 있다는 생각도 들었고 절망스러웠다. 그 때 결심했다. 더 이상 남이 나에게 기회를 주는 것을 기다리지말고, 그 기회를 스스로 만들자는 것이었다. 그 결과 정밀영양 맞춤형 헬스케어 기업을 창업하고, 관련 협회도 한번 만들어보자는 결심을 했다. 이러한 힘이 새로운 비전을 구상하게 하는 원동력이 되는 것이다. 이 시기에 필자도 젊은 친구들과 똑같이 새로운 비전을 만드는 과정을 밟게 되었다. 새로운 비전을 세우는데 필요한 4가지 필수 항목이 있다.

새로운 비전을 세우는데 필요한 4가지 필수 항목

첫째,
자신을 잘 알아야 하고 각자의 목소리를 들어야 한다.

비전을 만드는 것은 상당히 개인적인 과정이고 지식과 마음, 감정을 모두 고려해야 하는 여정과 같다. '나'라는 사람이 누구이고, 나의 과거와 현재를 정확히 파악해야 한다. 기업이 본인이 처한 상황을 냉철하게 파악하지 못해 시간과 자원을 소모하면서 헤매는 것과 크게 다르지 않다. 현재를 파악할 때는 철저히 '희망'을 배제해야 한다. 각자가 처한 현실 자체를 그대로 받아들여야 한다.

둘째,
이대로는 안 된다는 절박함이 있어야 한다.

비전을 새롭게 만들기 위해서는 이 부분이 제일 중요하다. 각자 절박한 마음이 있어야 한다. 절박함이란 개인에 따라 의미가 다르기 때문에 뭐라고 하나로 통일해서 말할 수는 없다. 절박함이란 '부양을 해야 하는 책임'에서부터 오는 절박함도 있고, 돈에서 오는 절박함도 있을 수 있고, 외부에서 보여지는 모습을 유지해야 하는 자존심이 걸린 '절박함'도 있다. 어떠한 경우에든 변화하지 않으면 안될 '절박함'이 있어야 한다.

셋째,
각자가 좋아하는 것을 찾는 게 아니라
'잘할 수 있는 것'을 찾아야 한다.

세상에는 본인이 잘하는 것이 있고, 좋아하는 것도 있다. 본인이 좋아하는 것과 잘하는 것이 동일할 수도 있지만, 반드시 동일하지는 않다. 필자가 좋아하는 것은 사람들의 심리 등을 코칭하는 것이지만, 잘하지는 못한다. 루미나 러닝이라는 직업개발Professional Development회사에서 코칭 자격을 받아 '한국에서 코칭사업을 해볼까'라고 생각해볼 정도로 필자는 코칭에 관심이 생겼고 그 일을 좋아했다. 그러나 사업을 주도하던 CEO 성향이 강해서인지, 상대방의 말을 인내심을 가지고 들어주는 코칭을 잘 하지는 못했다. 그래서 필자는 스스로의 컨텐츠를 만들고 워크샵을 기획하는 것은 직접 진행하고, 실제 코칭은 코칭 전문 대표와 함께 진행하기도 했다. 본인이 잘하는 게 본인이 원하는 일일 수도 있지만, 먼저 고려해야 할 일은 '내가 잘하는 것'을 찾는 일이다. 각자가 좋아하는 것은 심리 코칭처럼, 뭔가 새로운 것을 알아내고 난해한 수수께끼를 푸는 것과 같은 일이다. 필자가 잘하는 것은 복잡한 환경에서 현실적인 사업계획을 만들고, 브랜드를 성장시키는 일이다. 그리고 다양한 협업구조를 만드는 일이다. 각자의 비전을 만들 때는 스스로가 좋아하는 것보다 자신이 잘하는 것에 집중해야 각자의 '경쟁력'이 무엇인지 알 수가 있다. 그것이 핵심역량이다.

매일 일상에서 우리는 많은 브랜드를 접한다. 스킨케어 사업의 경우에도 수많은 원료들이 담겨져 있다. 각각의 원료는 피부에 다양한 효과를 주는 기능들을 가진다. 진정 효과를 주기도 하고, 주름 피는 효과를 주기고 하고, 미백 효과를 주기도 한다. 또 향을 통해 마음을 편하게 하기도 한다. 하지만, 우리는 이 모든 기능들을 고객에게 알려주지 못한다. 소비자들에게 이러한 효능을 부각시키기 위해 우리가 선정하는 메시지는 가장 경쟁력이 있는 메시지와 성분에 집중하는 것이다. 이처럼 비전을 정할 때 각자가 지닌 여러 재능 중에 가장 중요한 점을 부각하고 핵심역량에 집중해야 한다.

의식전환, 비전 정립하며, 도전하고, 성취한다!

넷째,
나의 경쟁력과 가치를 찾는 것이다.

나의 경쟁력과 가치를 표현한다는 것은 너무도 어렵다. 필자의 경우 기업에서 쌓은 35년 정도의 업무 경험을 통해 스스로의 가치를 정리해본다.

- 글로벌 기업들에서 터득한 역량과 소비자들에 대한 깊은 이해도
- 제품개발과 신뢰를 바탕으로 한 팀을 구성하여 주도하는 추진력
- 역동적으로 사업의 성과를 이끄는 경영적 능력

"글로벌 기업들에서 터득한 '역량과 소비자들에 대한 깊은 이해'를 강점으로 제품개발과 신뢰를 바탕으로 한 팀을 구성, 주도하여
역동적으로 사업의 성과를 이끄는 경영적 능력을 발휘하겠다."

필자는 이런 말들을 사용하면 스스로 경험을 한 일이기 때문에 감정까지 이입이 되어 매우 명확하다고 느껴진다. 그러나 필자를 잘 모르는 사람들에게는 전혀 그렇게 들리지 않는다. 필자가 어떤 경쟁력을 가지고 있는지 구체적이고 명확하지 않기 때문이다. 비전을 만드는 것 만으로는 부족해 보인다.

칼 럼 3

미래 환경 예측하며
새로운 비전 모색

　필자는 현직에 있었던 2020년까지는 제 2의 인생의 비전이 '창업'이 될 것으로 생각하지 않았다. 그러나 환경의 변화로 인해 명확한 비전을 설정했다. 그렇다면 이를 성취하기 위해 반드시 필요한 과제는 무엇일까? 무엇보다 명확한 비전을 만들기 위해서는 필자가 경험하게 될 미래의 환경을 예측할 수 있어야 한다. 필자의 3년 후 미래는 어떤 모습일까? 그때 필자는 무엇을 하고 있을까? 3년 후에 '내가' 지금의 '나'에게 편지를 쓴다면 무엇이라고 쓸 것인가?

　누구든 새로운 비전을 성취하기 위해서는 사고의 전환이 필요하다. 사고의 전환은 '미래'의 관점에서 현재를 바라볼 때 가능하다.

의식전환, 비전 정립하며, 도전하고, 성취한다!

코로나 시대가 지난 3년 후에 세상은 어떻게 바뀌어 있을까? 이것을 위해서는 여러 자료들도 서치해야 하고, 구글링도 하고, 그리고 다양한 사람들과 대화를 나누는 것이 필요하다.

비전을 만들 때 '현재의 환경'보다는 '미래 환경'을 예측하는 것이 중요하다. 관점의 시작이 '미래에서'부터 시작되어야 한다는 것을 앞서 이야기했듯이 향후 3년에서 10년동안 세상을 이끌 트렌드가 무엇이 될지를 고민한다.

만약 현재 유투버로 사업을 시작했다면, 본인이 보유한 역량과 경험이 향후 3년 후에 각광을 받을 분야와 일치하는지 충분한 시장조사가 필요하다. 한국은 특히 트렌드에 의존하여 시장이 형성이 되는 경우가 많아서, 매래를 예측할 때는 산업보고서나 해외 동향을 보면서 고민해보는 게 중요하다.

먼저 필자는 30년이 넘도록 건강한 삶을 추구하는 일에 집중했기 때문에 거시적으로 건강 분야에 대한 미래를 그려보았다. 미래의 환경은 코로나를 통해 건강에 대한 접근이 과거와 분명히 달라질 것으로 예측한다. 우선은 디지털 헬스케어 시대가 올 것으로 예측된다. 이미 우리 곁에 다가와 있는 디지털 헬스케어는 비대면 진료를 비롯, 웨어러블 등을 통해 각자의 건강상태를 정확히 이해하고 관리하는 시대이다. 또한 바이오 산업 발전으로 항노화 소재들이 빠른 속도로 개발되어 도입될 것이다. 스마트팜의 발전으로 식물성 중심의 환경친화적이면서 효능이 좋은 건강 소재들이 다양해질 것으로 보여진다.

　미래는 각자의 신체 조건과 멘탈이 맞는 음식, 운동과 데이터에 의한 보다 정밀한 영양과 건강관리가 대세를 이룰 것으로 생각된다. 필자는 초고령화 시대에 접어들면서, 건강을 위한 바이오 헬스분야 그리고 데이터에 의한 맞춤형 영양시장이 분명이 커질 것이라는 미래를 그렸다. 그리고 잘할 수 있는 전문적인 영역을 찾기 시작했다. 본인이 잘할 수 있는 영역을 찾기 위해서는 본인의 현재와 과거를 살펴볼 필요가 있다. 그러기 위해서 필자의 최근 5년의 경력을 다시 설명할 필요가 있다. 필자는 최근 5년 동안 풀무원다논에서 프로바이오틱스 및 유산균 기술을 적용하여 푸드 & 비버리지 사업을 진행했다. 그리고 초록마을 오가닉 리테일 사업을 수행했고, 노화 억제를 위한 제품을 개발하는 스타트업 기업의 파운더 역할을 했다. 필자는 스스로의 비전을 설정하기 위해 지난 5년 동안 필자가 수행했던 업무경험과 네트워크를 다시 집약해 보았다. 그렇다면, 이제 필자의 다음 커리어 비전은, 바이오 사이언스 기술을 기반으로 하는 사업에서 역할을 할 수 있을 것이라고 판단했다. 푸드 및 영양과 관련된 사업이면 좋을 것이고, 글로벌 역량이 필요한 곳이어야 할 것이다.

　그렇다면 필자의 가치는 무엇으로 바뀌어야 할 것인가? 필자는 스

92

스로의 가치를 단순히 '글로벌 기업들에서 터득한 역량'과 '소비자들의 깊은 이해'를 강점으로 제품 개발과 신뢰를 바탕으로한 팀을 구성, 주도하여 역동적으로 사업의 성과를 이끄는 경영적 능력의 소유자'로 한정하지 않는다. 필자가 세운 비전은 필자가 가진 지식의 가치에 기반한다.

'스스로의 경영적 능력과 글로벌 헬스케어와
건강식품의 전문성을 기반으로 사람들의 노화를 억제하고
건강한 삶을 살아갈 수 있는 솔루션 제공하는 경영자'

필자가 경쟁해야 하는 시장과 전문성이 좀더 명확해졌고, 필자가 어떤 사람으로 인식되고 싶은지가 좀 더 명확해졌다. 필자의 가치를 정립했으니, 이제 데임즈의 비전을 정립할 때가 되었다. 필자는 3개월 동안의 고심과 고심 끝에, 새로운 데임즈의 비전을 개개인의 유전체, 대사활동, 라이프스타일을 고려한 맞춤형 헬스케어분야에서 1위를 하는 기업으로 정했고, 그 여정의 시작을 파니 브랜드로 세포과학과 천연소재를 근간으로 젊은 피부로 돌려주는 사업을 시작하기로 했다.

많은 후배들이 의외로 어려움을 겪고 있는 것은 개인의 커리어 비전을 만들 때, 본인의 경험이나 전공을 고려하지 않는 경우가 있었다. 사회에 나와보니 본인의 전공이 그다지 도움이 되는 게 아닌 것 같다는 것이다. 필자는 그런 친구들을 만나면, 다시 한번 생각해보도록 조언한다. 본인이 여러 학문 중에 특정 전공을 선택했다면 어떤 이유가 있었을 것이고, 그것을 선택한 이유를 다시 점검해보도록 한다. 예를 들어 필자는 회계학을 전공했는데, 막상 회계학 공부를 하면서 회계학을 아주 싫어했고 나의 장점이 아니라고 생각했다. 하지만 회계학을 통해 경영을 이해했고, 그것을 통해 필자는 경영자의 길을 이해할 수 있었다.

여기서 후배들에게 조언을 한다면, 미래에 어떤 일을 할 것인지를 정하려면 미래의 환경을 분석하고, 본인이 잘할 수 있는 일을 생각해야 한다는 점이다. 그리고 본인이 보유하고 있는 지식, 경험을 통해 본인만의 커리어 비전을 만들어 볼 것을 조언한다.

이 사업은 필자의 장점과 경험을 최대한 반영함과 동시에 필자의 가치를 반영한 비즈니스가 될 것이기 때문에 새로운 사업에 대한 확신이 높아지면서 가슴이 뛰기까지 했다. 필자가 제대로 된 비전을 만들었는지 아는 가장 확실한 방법은 내가 잘할 수 있다는 확신이 생기고, 가슴을 뛰게 하는가이다. 만약 각자가 만든 비전이 스스로의 가슴을 뛰게 만든다면 그 비전은 아주 잘 만들어진 것으로 믿어도 좋다.

칼 럼 4

개인적 삶의 비전 세우기

일과 라이프는 획일적으로 나눌 수 없다. 일과 업무, 건강, 그 동안의 커리어, 현재의 커리어, 미래의 커리어, 가족, 가족의 미래 등 나를 둘러싼 환경과 사람, 그리고 회사에서의 나의 가능성 등을 포괄적으로 찾아야 한다. 조직과 가족은 각자의 꿈을 달성하는데 절대적으로 중요한 사람들이다. 그렇기 때문에 필자의 커리어 비전과 회사의 비전도 필요하지만 개인적 삶의 비전도 필요하다. 현대 직업사회를 살고 있는 우리는 항상 멀티 테스킹을 해야 하는 삶을 살고 있다. 자신의 일 외에도 가족, 미래, 재정적 문제, 교육에 대한 문제, 건강에 대한 다양한 문제들을 해결해나가면서 살고 있다.

엄마, 부인, 며느리의 역할과 비전의 의미

필자를 둘러싼 많은 역할에서 나를 진정 행복하게 하는 것은 무엇인가? 그리고 필자의 행복에서 엄마라는 역할, 부인이라는 역할, 며느리로서의 역할, 딸로서의 역할은 무엇일까? 역할이라는 단어는 '책임'이 수반되고, 그 책임에는 사회적 풍속과 관념이 반영이 될 수밖에 없다.

과거에는 여성들에게 어릴 때부터 꿈이 무엇이냐고 하면 현모양처가 되겠다는 친구들이 있었다. 현모양처의 대명사로 불려지고 5만원 지폐에 새겨진 신사임당이 실제로 현모양처였을까? 신사임당은 율곡 이이의 어머니이며 자식 7명을 훌륭히 키우고 남편 이원수(1501-1561)에게 헌신하여 현모양처 즉, 어진 어머니와 헌신하는 부인의 이미지를 가지고 있었다.

그러나 사실 그녀는 당시에 사회적 통념에 맞는 현모양처가 아니었다는 설들이 지배적이다. 오히려 군자의 꿈을 키운 여성으로 스스로 '사임당'이라는 당호를 지어 주체적인 삶을 산 여성으로 당대를 대표하는 여류화가였다고 한다.

신사임당이 '현모양처'로써 조명이 된 것은 일제시대 때 출산을 장려하기 위해 여성의 역할을 어머니와 부인의 역할을 강조하기 위해 시작되었다고 한다. 신사임당에 대한 새로운 시각이 드라마로도 제작이 되었다. 당시 작가는 신사임당은 조선시대의 워킹맘으로 주체가 강한 본인의 꿈을 이룬 여성으로 조명하고 싶었다고 밝힐 정도로 현모양처의 시각과 이미지는 당시 사회적 환경에 의해서 만들어진 부분들이 있다는 것이다.

대학 졸업 후 지속적으로 직장에서 커리어를 쌓으면서 세 아이를 출산하고 양육한 필자 역시 많은 어려움 속에서 육아를 했다. 육아를 위해 스스로의 커리어를 포기하는 많은 여성들도 '두 가지를 다 잘해야 하는' 사회적 통념을 극복하기가 어렵다는 것을 잘 알기 때문이다. 시간을 쏟은 만큼, 어떠한 결과든 이루어낼 가능성이 높기 때문이다. 하지만, '나의 꿈을 위해 육아에 전념할 수 없다'라고 해서, 좋은 엄마가 아니고 현명한 어머니가 될 수 없다고 단정하는 것은 올바른 견해가 아니라고 생각한다.

한국 사회에 여성이 꿈을 포기할 수 밖에 없는 환경이 분명이 존재하고 이것은 현실적인 이슈들이다. 절반의 성인 한국 여성들이 자아실현을 하며 국가발전에 기여하도록 하기 위해서 정부는 여성들이 가정 운영과 육아를 훌륭하게 해낼 수 있는 제도적 지원과 인프라 조성을 해야 한다. 또한 여성 스스로도 무조건 두 역할을 다 잘해야 한다는 슈퍼우먼 신드롬에 사로잡히기 보다는 커리어에 대한 목표와 동시에 육아에 대한 목표를 정하는 가운데 실질적 방안을 마련하는 것이 필요하다.

균형적인 삶을 살아가기 위해
커리어와 개인적인 삶의 비전 공존해야

균형적인 삶을 살기 위해서는 커리어에 대한 비전만 필요한 것이 아니라 개인적인 삶에서의 비전들이 함께 공존해야 한다. 우리는 일에 대한 비전도 없고 또한 개인적인 삶의 비전이 없을 때에 무엇을 우선 해야할지 항상 고민하고 갈등하게 된다. 인생의 방향을 정하지 못하기 때문에, 사회 추세에 따라 갈등을 하게 된다.

필자는 끊임없이 스스로의 가능성을 저해하는 부정적인 생각들을 하지 않으려고 노력한다. 스스로 생각의 필터를 씌우지 않으려고 노력한다. 이 필터를 없애야만 나의 가능성을 온전히 담을 수 있기 때문이다. 필자의 커리어 비전과 개인적 삶의 비전을 융화시키는 것은 매우 어렵지만, 나 역시 좋은 엄마로서, 좋은 부인으로서, 좋은 며느리로서의 삶도 같이 어우러져야 행복을 느낀다. 남편들이 좋은 아빠로서, 좋은 남편으로서, 좋은 아들로서의 삶이 함께 이루어져야 행복을 느끼는 것과 별반 다를 게 없다. 현명한 엄마, 헌신적인 부인은 개인 꿈과 비전을 희생하라는 의미가 아니라고 생각한다. 오히려 그 반대로, 각자의 꿈과 비전을 진정성있게 균형적으로 추구할 때, 아이에게 자율권을 주고 응원을 할 수 있는 현명한 엄마, 헌신적인 부인이 될 수 있다고 생각한다. 물론 그 바탕에는 가족을 묶을 수 있는 깊은 사랑이 있어야 한다고 믿는다. 현명한 엄마는 아이에게 세상을 살아나가는 올바른 가치관을 솔선수범해서 가르쳐야 한다고 생각한다.

일도 가정도 잘 운영한다는 것은 무슨 의미일까? 도대체 잘 한다는 것은 무엇일까? 커리어에서도 비전과 목표가 필요하듯이 개인적 삶에서도 비전이 필요하다. 개인적 삶이라는 것은 어떤 역할에서가 아니라 각자가 어떤 삶을 살고 싶은지를 정하는 것이라고 생각한다. 내가 해결해야 하는 많은 개인적이고 사적인 일들을 생각하면 그 일들을 해결해 나가는 목표와 기준이 필요하듯이, 개인적 삶에 대한 비전이 명확히 있어야 갈등을 줄일 수 있다.

여기서 우리 큰 아이가 중1, 둘째 아이가 초등학교 1학년이었을 때 만들었던 필자의 비전들을 공유해보겠다. 당시 필자는 MSD 전무로 미국 뉴저지에서 일을 하고 있었기 때문에 일과 아이들에게 동시에 집중하는 비전을 만들었다. 그 이후로 새로운 도전을 할 때마다 비전을 만드는 습관이 생겼다.

일과 커리어에 집중하는
엄마의 비전을 세워 역할에 매진하다

'나는 미국 MSD 뉴욕 본사 근무를 통해, 수 년 동안 한국과 아시아에서 쌓아온 환자 중심의 사업모델과 본사가 보유한 임상 결과들을 토대로 당뇨 치료의 새로운 프로토콜Protocol을 개발하는데 기여할 것이다. 그런 나의 성과를 인정받아 한국 대표로 돌아갈 수 있도록 노력하겠다.'

필자는 스스로의 직업적 역할을 기반으로 하는 비전을 세운 후 다시 현재 가진 역량에 집중하여 엄마의 비전을 설정했다. 비전은 자신이 가지고 있는 역량과 수행하는 현재의 역할을 기반으로 만들어야 성취 가능하기 때문이다.

'나는 미국에서 근무하는 이 기회를 통해, 우리 아이들이 글로벌 시대에 요구되는 다양성과 배려, 자율적 교육을 받아 스스로 미래를 개척하고 인생의 목표를 이루어내도록 지원하는 엄마가 되겠다.'

필자는 다른 아이들 엄마처럼 가족들을 위해 맛있는 요리를 잘 하지는 못한다. 그러나 필자가 가지고 있는 장점을 10분 활용해 아이들에게 미래의 길을 개척하는데 대해 적절한 조언을 해주고 그들이 각자 미래의 꿈을 키우고 비전을 설정하는데 필요한 좋은 가이드를 해줄 수 있는 엄마가 되고 싶다는 비전을 설정했다.

그로부터 20년이 지난 현재 필자의 세 아들 모두 더 이상 바랄 수 없이 잘 성장했다. 각자 자신의 재능을 발견하여 대학에서 전공을

의식전환, 비전 정립하며, 도전하고, 성취한다!

선택하고 졸업 후에는 자신이 기대하던 기업에 들어가서 사회적 역할을 하며 즐거움을 느끼고 있기 때문에 필자는 아이들이 더없이 자랑스럽고 대견하다. 특히 세 아이 모두 미국에서 같은 고등학교를 다녀, 형제이자, 선후배이기도 하기 때문에 우리 가족은 만나면 이야기가 끊이지 않는다.

현욱이와 지욱이는 스토니 브룩 기숙사에 기거하며 고등학교를 마치고 각자의 재능에 부합하는 미국 대학에 진학했다. 막내 수영이도 스토니 브룩에서 공부하며 자신의 재능에 부합하는 프리매드로 진학했다. 모진 대표는 지난 2023년 5월 졸업식 때 스토니 브룩 졸업생인 남편과 함께 수영이 졸업식에 참석했다.

물론 우리 아이들이 잘 자라준 것이 모두 나의 비전에서 나온 것이라고 단정할 수 없다. 그러나 한가지 분명한 것은 육아 부담을 부모 중 한 사람이 모두 짊어지지 않고, 가족 모두가 함께 육아에 대한 각자의 역할을 하면서 아이들과 대화하는 것이 필요하다는 점이다. 필자는 부모들이 모두 자신들에게 관심을 가지고 최선을 다해 보살펴 주는 것을 보게 되면, 아이들은 바르게 자란다는 확신을 가지고 있다. 특히 부모가 아이 스스로의 의견과 선택을 존중하고 '자율적인' 교육을 한다면, 아이들 스스로 각자의 길을 개척할 수 있다고 믿는다. 일하는 워킹맘들이 가장 궁금해 하는 질문이 있다면 '엄마가 육아에 올인을 하지 못하는 환경이 아이에게 어떤 문제가 있을까'라는 불안감일 것이다.

필자의 큰아이 현욱이는 미국에서 대학을 나와 한국 MSD의 임상 연구 매니저로 일을 하고 있다. 회사에서는 성실하게 자기 일에 몰두하는 연구원으로 인정을 받고 있다. 34세의 현욱이는 현재 시점에서 유아시절을 회상하며 자신의 경험을 토대로 필자의 질문에 장점 5가지와 단점 1가지를 조목조목 말했다. 말하면서 정리를 하기는 했지만, 사실 한번도 엄마가 일을 안한 적이 없었고 또 다른 엄마가 있지 않았기 때문에 현욱이도 장단점을 말하기가 어렵다고 했다. 그러면서도 현욱이는 다음과 같이 매우 의미있고 재미있는 말을 해 주었다.

의식전환, 비전 정립하며, 도전하고, 성취한다!

첫째, 엄마가 일을 해서인지, 여성이 일하는 것에 선입견이 '하나'도 없다고 한다. 회사에서 여성들 밑에서 일하는 것도 전혀 어색하지 않고, 여성이 70~80% 있는 조직이나 그렇지 않은 조직이나 여성이기 전에 성과자로 보게 되고, 여성이 일하는 것을 당연히 여기게 된다고 한다.

둘째, 첫번째와 연관된 이야기이긴 한데, '일'에 대해서도 굉장히 편안하게 받아들이게 되었고, 엄마가 들려준 사람들의 이야기들이 자기도 모르게 공부가 되었던 것 같다고 한다.

셋째, 자립적이 될 수 밖에 없는 환경이었기 때문에, 마마보이가 절대 될 수 없었고, 엄마가 집에 항상 없었기 때문에, 누구에게든 도움을 받아야 하는 상황이 많아, 조언을 받는 체널이 다양하게 되었다고 했다.

단점 한가지는 동생들이 많다 보니 자신이 꽤 어릴 때부터 많은 것을 챙길 수 밖에 없어서 짜증은 났다고 한다. 그러나 결과적으로는 좋은 교육이 되었다고 생각한다며, 엄마가 일을 해서 부정적인 영향을 받은 것은 없다고 한다.

아이와 상호 교감하며
미래의 커리어 준비

사실 필자는 결혼을 하고 나서도 밥하고 빨래하는 집안 일은 직접 하지 않았다. 부끄럽지만 일을 한다는 이유로 결혼하기 전에도 집안 일을 하지 않았고, 결혼 후 특히 아이를 출산하고 나서부터는 받은 급여를 집안 일을 하는 도우미 아줌마에게 맡겼고, 필자는 살림보다 커리어에 집중했다. 초반에는 필자가 받은 월급의 반 이상을 도우미 아주머니에게 그대로 드리는 상황이었지만 필자는 그 방법만이 스스로 업무에 집중할 수 있다는 생각을 했고 남편 역시 응해주었다. 하지만 돌이켜보면 이것은 필자의 가치관에서 온 것 같다. 필자의 친정 어머님께서 내가 7살 때부터 한 말을 지금도 가끔 말씀하신다.

"어머니, 저는 커서 절대 살림을 안하고, 돈 많이 벌어서 사람을 두고 살 겁니다."

나는 어릴 때부터, 여성스럽고 살림에 관심이 많았던 언니와 달리 살림을 잘하지 못했고, 특별한 관심도 두지 않았다. 요리는 관심이 있어서 수업을 받기도 하고 잘 하려고 노력도 했지만, 내가 잘할 수 있는 영역이 아니라는 판단은 꽤 오래 전에 했다.

살림보다는 커리어적 역량에 집중하여 그에 부합하는 엄마 역할 모색

필자는 가정 살림보다는 필자가 좀 더 잘할 수 있는 쪽으로 집중하기로 했다. 아이를 양육하면서 필자는 아이들이 건강하게 잘 자라고 성장할 수 있도록 가급적 많은 체험을 할 수 있는 기회를 제공하고 싶었다. 그리고 직장으로 인해 이주하게 된 미국이나 일본과 같이 새로운 곳에서 살면서 아이들에게 소중한 추억을 만들어 주고, 필자가 배운 것들을 아이들과 대화를 나누면서 공유하고 싶었다. 뉴저지 MSD 본사에 근무하면서 아이 셋과 아줌마와 함께 한 집에 살게 되었는데, 당시 솔직히 많이 힘들었다. 세상에서 워킹맘으로 제일 힘든 곳이 미국인 것 같았다. 모든 것을 부모가 직접 해야 하고 글로벌 업무를 담당했기 때문에 출장이 많았다. 하지만 그 즈음 필자가 집중하기로 한 것은 아이들에게 미국 교육을 통해 자율적 사고를 가르치는 것이었기 때문에, 아이들에게 필자가 배운 것을 조금씩 가르침으로서 아이들이 주도적인 삶을 살 수 있도록 했다.

미국에서 근무하며 두 아이 미국 학교에서 교육받아, 글로벌 리더의 자질 함양

결과적으로 필자는 2년동안 MSD 본사에서 일하면서 중요한 성과를 내고 한국으로 돌아왔다. 그 결과, 한국에서 외국기업의 대표가 되는 꿈도 이루었다. 다만 MSD 대표가 아니라, 바슈롬 한국 대표 오퍼를 받게 되어 예정보다 1년 빨리 한국에 돌아오게 되었다. 그 때 필자가 세웠던 육아의 비전도 어느 정도 이룬 것 같다. 무엇보다 아이 셋 모두 훌륭하게 글로벌 리더들이 되어 있으니 말이다.

필자는 글로벌 리더에게 필요한 덕목은 무엇보다 배려, 문제해결능력, 적성에 부합하는 업무적 경쟁력, 영어구사력, 그리고 긍정적이고 오픈된 사고라고 생각한다. 필자는 아이들을 키우면서 이러한 점에 주안점을 두고 아이들이 주도적인 문제해결능력과 투명한 소통방식, 본인의 장점과 한계를 명확히 이해하고 새로운 도전을 두려워하지 않도록 교육을 시키려고 노력했다. 무엇보다 아이들 일에 일일이 간섭하지 않고 옆에서 지켜보며 스스로 주도적으로 결정을 내리게 한 것이 글로벌 리더에게 필요한 주도적 문제해결 능력과 같은 가장 중요한 덕목을 갖추었다고 생각한다.

자녀와 상호 교감할 수 있도록
준비하고 대화하여 성장 지원해야

아이들은 부모로부터 받은 '사랑'과 '살아있는 교육'을 받고 성장한다. '사랑'은 사랑을 받는 사람 입장에서 사랑을 받는다고 생각하는 것이 중요하다. 부모들은 대개 자녀들에게 똑같이 사랑을 준다고 생각하지만, 받는 아이들 입장에서 반드시 그렇지 않다는 것을 우리 각자의 경험에서도 알 수 있다. '사랑'을 표현하고 든든한 후원자가 되어야 하는 것은 절대적인 시간의 문제는 아닌 것 같다. 집에서 육아와 살림에 전념하는 어머니들이 생각보다 아이들과 많은 대화를 하지 못한다는 것도 주변에서 많이 듣는다. 결국, 중요한 것은 우리가 각기 어떤 일을 하던, 자녀들과 상호교감하는 대화를 하며 시간을 보내는 것이 중요하다.

나의 오랜 코치이자 멘토인 컨설턴트 페리시티 막롭Felicity McRob은 '스케줄링' 일정 관리에 대한 팁을 가르쳐주었다.

'각자의 하루 일정에 아이와 대화를 나누는 시간을 정해서 입력하라.'

매일이 될 수도 있고, 멀리 떨어져 있어 매일 통화나 대화를 할 수 없는 경우에는 일주일에 한번이 될 수도 있지만, 그 일정을 정해놓고 하라는 것이다. 단 일정에 넣는 제목을 '아들과의 대화'라는 상투적인 용어가 아니라, '나의 사랑하는 지욱이의 고민을 들어주기'처럼 좀 더 구체적으로 감성적으로 영향을 줄 수 있는 어법으로 기록하도록 조언한다.

　그렇게 일정의 제목을 정리하기 시작하면, 각자의 마음가짐부터 사랑을 충분히 느끼게 하는 준비가 된다는 것이다. 아주 멋진 일이라 생각하고 필자도 그 이후부터 아이들과의 시간을 미리 정해서 제목을 달기 시작했다. 사실 이건 아이뿐만 아니라, 사람을 만나는 모든 네트워킹에서도 적용하면 좋은 습관이다. 물론 이렇게 의도적으로 모든 일정과 만남을 하기는 어렵지만, 분명히 도움이 되는 습관이다.

아이들과 커리어의 삶과 일상을 공유하며
미래 커리어를 준비하다

　필자 주변에 성공한 여성 커리어들이 자녀들도 훌륭하게 성장시킨 사례들이 너무도 많다. 바쁜 일상에서 어떻게 그것이 가능할 수 있을까? 함께 모여 양육에 대한 이야기를 하다 보면, 비슷한 교육방식과 가치관을 가지고 있었다. 한 예를 들면, 피앤지 선배인 심수옥 교수는 삼성전자 부사장을 지낸 후 성균관대 교수로 재직했다. 심수옥 교수의 외동딸 재인이는 7살 때부터 피앤지에서 사용하는 용어들과 개념들을 모두 알고 있어 가족 모임 때마다 주변을 웃게 만들곤 했다. 엄마가 대부분의 시간을 회사에서 지내고 집에서도 일을 해야 하는 상황에서, 꼬마 재인이에게 자신이 접하는 이것저것 가르치셨던 것 같다. 그런 어머니를 보고 성장한 재인이는 어린 시절부터 글로벌 리더의 삶을 계획하였던 것 같다. 재인이는 미국 위스컨신대학교 졸업 후 글로벌 컨설팅과 대기업 전략기획 업무를 수행하였고, 현재는 뉴욕에서 세계적인 IT·AI 기업에 재직하고 있다.

필자 역시 미국 MSD를 다니면서 당시 중학생이었던 큰아이에게 이것저것 이야기해준 것이 아이가 기억이 난다고 했다. 감수성 깊은 유년시절부터 엄마로부터 들은 사회적 지식을 접한 것이 큰아이가 MSD 임상연구원으로 성장한 계기가 된 게 아닐까 생각한다.

커리어에 대한 비전, 엄마로서의 비전을 써보는 것은 분명히 커리어 개발과 육아에 도움이 된다. 쉽지 않은 '비전이라는 용어를 여기저기서 남용하는 게 아닌가'라고도 생각할 수 있다. 그러나 필자는 이게 도움이 되고 이런 과정에서 스스로 계획하고 추진하는 일들이 옳다는 '확신'을 하게 된 것 같다. 그런 이유로 필자는 스스로에게 중요하다고 생각하는 것은 모두 비전을 써보는 버릇이 생겼다.

칼 럼 6

남편과 시댁에 대한
역할과 비전

한국 사회에서 결혼을 하게 되면 시댁의 일원이 되는 것만큼 감내해야 할 의무가 있다. 일하는 여성에게도 이 점은 예외가 아니기 때문에 시댁의 경조사를 챙기고 시어른의 안녕과 건강에 신경을 써야한다. 이런 일을 할 때 가족의 일원이 되는 남편 혹은 시댁 식구들과 협의를 할 수도 있고, 시댁에 가족이 별로 없을 경우 남편과 의논해서 할 수도 있다. 어떠한 경우가 되었던 시댁의 일도 친정처럼 내 가족이라는 감성적 공감대 위에서 수행해야 한다고 생각한다. 혹시 남편이 내 친정에 하는 만큼만 하면 된다고 생각하면, 며느리에 대한 의무과 책임을 강조하는 한국 사회에서 문제가 발생할 것이다. 이

의식전환, 비전 정립하며, 도전하고, 성취한다!

때문에 가정적 평화를 위해서 며느리되는 입장에서 시댁이나 친정 일이나 모두 내 가족이라고 간주하며 매사에 임해야 할 것이다.

연로하신 시어머니의 건강과 안녕 위해
건강지킴이의 비전 설정

우리 집에서 필자가 가진 며느리로서의 비전은 연로하신 어머님의 건강이다. 그래서 필자는 '우리 어머님의 건강을 제일 잘 챙겨드리는 건강 지킴이의 역할을 하겠다'라고 정했다. 우리 어머님은 음악을 하신 분으로, 필자에게 시어머니로서 너무도 멋지고 좋으신 분이다. 이보다 더 좋을 수 없는 시어머니를 필자는 모시고 있다. 필자는 일하는 며느리로서 어머님의 배려와 사랑을 너무도 많이 받았기 때문에 내가 할 수 있는 것은 모두 하고 싶다. 그래서 현재 몸이 불편하신 어머님 건강을 조금이라도 챙겨드려서 어머님이 건강하고 행복한 노후를 보낼 수 있도록 하고 싶다.

가족의 일에 대해
항상 남편과 팀웍을 이루어 대화하여 의사결정을 내리는 습관

여기서 한 가지 부가하고 싶은 말은 '일도, 육아도, 심지어 부모님

봉양도 나 혼자 비전을 만든다고 되는 것이 아니다'라는 점이다. 남편과 가족들의 지원이 절대적으로 필요하다. 우리 부부는 신혼 초부터 모든 것을 항상 대화하고 의논하기로 했고, 결혼생활 내내 그 습관을 유지하고 있다. 그래서 가끔씩 혼자 결정을 하면 마음이 불편해지는데, 우리 남편도 그렇다고 한다. 아무리 작은 일이라고 해도 부부와 가족에게 영향을 주는 일이라면 반드시 함께 대화를 나눈다.

세 아이의 양육과 가족의 건강에 중점을 두고
단순하게 사는 삶의 방식 선택

그런 면에서 우리 부부는 10년전부터 확실히 정한 삶이 있다. 그것은 삶을 가급적 단순하게 사는 것이다. 우리의 최우선점 Priority 는 항상 세 아이에게 있고, 특히 혼자 계시는 시어머님의 건강을 돌보고 신경을 써드리는 일이다. 비록 시어머니와 한 집에서 함께 살지는 못하지만, 남편은 외아들로서 어머님에게 받은 사랑에 보답하는 길은 살아계시는 동안 편안하게 사실 수 있도록 돌봐드리는 것이라는 생각을 가지고 있다. 우리는 '업무'과 '가족'을 돌보는 일에 항상 시간을 쏟아야 하기 때문에, 나머지 집안 일에는 가급적 신경을 쓰지 않기로 했다.

그래서 우리는 그 전에 살던 서울의 큰 집은 세를 주고, 현재는 삶

의식전환, 비전 정립하며, 도전하고, 성취한다!

의 효율성과 니즈에 부합하는 규모의 레지던스에서 살고 있다. 이미 모든 게 비치되어 있는 레지던스이기 때문에 사실 우리 짐이라고는 옷밖에 없다. 그것도 옷장이 좁아서 가지고 있던 옷도 거의 버렸다. 우리의 가구는 일부 스토리지에 보관되어 있지만, 대부분 버렸다. 특히 우리가 이런 결정을 하게 된 이유는 아이들이 성장하여 학교나 직장을 찾아 집을 떠나고 난 후 큰 집에 우리 부부만 남게 되었기 때문이다. 아이들은 없지만, 큰 집을 깨끗하게 관리를 해야 하기 때문에 도우미 아주머니와 계속 살게 되었다. 그러던 어느 날 문득, 필자는 '이건 아니다' 라는 생각을 하게 되었다. 당시 필자가 일상에서 너무도 많은 시간을 넓은 집과 가구를 관리하는데 쏟는다는 것을 깨달았다. 우리가 집에 없는 동안 도우미 아주머니가 하는 일은 청소와 가구를 닦는 일이었다. 우리를 위해 준비하시는 식사도 결국은 아주머니가 드시고 남은 음식은 버리는 일들이 많았다.

물론 좋은 집에서 좋은 가구와 그림을 보면서 멋지게 사는 것도 좋은 일이기는 하다. 그러나 편하고 멋진 일상 뒤에는 그것을 위해 땀 흘려 고생하는 사람들이 있다. 좋은 집이 있으면 그만큼 관리하고 돌봐야 한다. 집이 멋지면 가구도 좋아야 하고, 그러면 사람들을 초대하고 싶어진다. 그렇게 관리를 하려면 사람과 돈이 있어야 하고, 그 사람을 계속 관리하는 것도 나의 또 다른 일이 된다. 얼마 전에 친구들과 재미있는 대화를 한 적이 있다. 필자의 친구가 '파트타임으로 일을 다시 해볼까'해서 일을 시작했는데, 도움이 필요해서 직원을 구했다고 한다. 본인은 쉬엄쉬엄 하려고 한 일이었는데 막상 직원이 매일 나와 있으니, 없는 일도 찾아서 주느라고 골치가 아팠다고 해서 웃었던 기억이 난다.

때로 우리는 우리에게 그다지 중요한 가치를 주지 않는 일에 남들이 하니까, 우리도 그냥 따라서 하는 일들이 많다. 남편은 성격이 매우 꼼꼼한 편이다. 다소 무심한 나와는 반대 성격을 가지고 있어서 항상 사소한 일에 부딪치게 되었다. 그래서 우리 부부는 가구가 비치되어 있는 레지던스로 옮기고 우리가 사용하던 짐들을 대부분 버렸다. 가구들을 없애고 우리의 짐이 없는 곳에서 훨씬 적은 공간에서 살고 있지만, 마음이 편하고 좋다.

사실 부부가 싸울 일은 대부분 사소한 것들이다. 그 사소한 일들이 의외로 우리가 소유한 것들을 관리하고 지키는 것 때문이다. 더구나 그 일로 인해 부부간 갈등이 많아지기도 한다. 그럴 필요가 전혀 없는 일이라고 판단했기 때문에 우리 부부는 갈등의 소지가 되는 큰 집을 없애고 현재 니즈에 부합하는 작은 레지던스 거주를 선택한 것이다.

우리는 대부분의 사람들이 사는 방식을 거부하고 우리에게 맞는 삶을 살기로 결정했다. 남들이 뭐라고하든 우리는 평생 여행을 하는 듯, 출장을 온 듯 최소한의 짐을 가지고 산다. 그래야 우리가 원하는 것, 중요한 삶에 시간을 투자할 수 있다고 믿고, 돈이 좀 더 든다하드라도 우리는 간편한 삶을 선택했다.

커리어와 자녀 양육을 병행하는 것이 물론 어렵다. 하지만 한번 가만히 생각해보면, 우리 시간의 상당히 많은 부분이 우리가 꼭 가치를 두지 않아도 되는 일에 시간과 돈과 에너지를 쓰고 있을 수도 있다는 것을 생각해야 한다. 무엇보다 그런 삶의 방식 때문에 스트레스를 받고 있을 수도 있다. 우리가 가치를 두는 것에 대해 진지하게 고민을 할 필요가 있고, 삶에 대한 비전부터 만드는 것이 필요하고 과감하게 정리를 해야 한다고 본다. 나의 시간을 어떻게 보내고 있는지, 이것이 나에게 어떤 의미를 주는지, 내가 주도해서 사는 삶인지, 남의 주도에 따라서 사는 삶인지 살펴본 후에 용기를 내서 각자의 비전을 만들기를 조언한다.

제 3 장

실전 의식전환으로
경이로운 야망과 계획 세우기

칼 럼 1

생각의 필터와 선입견 제거하기

일상적인 일에서나 기업의 업무 실행에서 경이적인 성과를 내기 위해 필요한 것은 무엇일까? 과거로부터 답습한 구태의연한 태도와 의식으로는 경이적인 성과를 낼 수 없다. 여기서 필자가 강조하고 싶은 것은 의식전환이다. 의식전환은 머리 속에서 상황을 해석하는 선입견을 제거하고, 성공의 방식에서 미래로부터 출발하여 현재를 계획해 내는 일이다. 이러한 연습을 통해서 새로운 가능성을 돌출해 낼 수 있다.

우리가 가능성을 생각할 때 함께 찾아오는 생각들이 있다. 안되는

의식전환, 비전 정립하며, 도전하고, 성취한다!

이유들, 실패에 대한 두려움, 각자 포기해야 할 것들 때문에 머리가 복잡해질 때가 많다. 자신의 경험, 남의 시선들, 안되는 이유와 한계가 많다. 유리컵에 주스가 가득 담아있다고 생각을 해보자. 주스가 꽉 차있는 컵에 어떤 새로운 것을 넣을 수가 있을까? 우리의 뇌도 마찬가지다. 머리 속에 끝없이 해석, 경험, 의미를 담고 있다면, 새로운 생각을 넣을 수가 없다. 가능성을 찾으려면, 과거의 해석, 의미 부여, 편견, 경험 등을 모두 다 비워야 한다.

생각의 필터, 선입견의 무서움

필터라는 것은 '걸러내다'라는 것을 나타낼 때 사용하는 용어다. 커피 필터, 정수 필터 등의 필터는 대부분 원하지 않는 것을 걸러낼 때 사용하는 것이다. 우리 인간의 뇌도 그렇다고 한다. 무엇인가가 떠오를 때 본능적으로 생각을 걸러내기 시작한다는 것이다. 가능성을 제한하는 필터들이 우리가 원하는 것만 보게 하거나 생각하게 한다는 것이다. 우리는 그것을 때로는 필터로 보지 않고 사실로 파악하는 가운데, 결정을 내리고 사람들과 소통을 하는 경우가 너무도 많다.

생각의 필터를 '선입견'이라고 필자는 폭넓게 해석한다. 가능성을 제한하는 선입견들은 어떤 것들이 있을까? 하나는 과거이다. 과거의 경험은 가장 강력한 선입견을 준다. 과거에 성공했다면 성공에 대한 선입견을 가지게 한다. 과거의 실패한 경험도 실패에 대한 선입견을 준다.

가능성을 제압하는 것은 견해, 의견, 가정, 심판, 불안함 등이 있을 수 있다. 우리는 이러한 가능성을 제압하는 것에 꽉 매어서 살고 있다. 때로는 어떤 것이 사실이고, 어떤 견해들이 쌓여서 사회적 기준이 된 것인지 구분이 잘 되지 않을 때가 있다.

다음 내용들 중에 어떤 것이 사실이고 어떤 것이 선입견일까?

· 여성들은 육아휴직을 다녀오게 되면 그만큼 커리어가 뒤쳐지게 된다.
· 성과와 실력이 뛰어나도, 고위직으로 가는 것은 그 외에 다른 조건이 있어야 한다.
· 힘들게 일하고 사는 여성의 모습은 롤모델이 아니다.
· 주변에 닮고 싶은 여성 롤모델이 없다.

의식전환, 비전 정립하며, 도전하고, 성취한다!

의견과 선입견을 분리해야
올바른 결정과 경이로운 성과도출 가능

얼핏 들었을 때 모두가 사실이라고 생각하겠지만, 사실은 이 모든 것은 의견과 선입견일 뿐이다. 사람들은 그 정도로 사실과 선입견들을 구분하지 못한다.

필터의 예를 하나 들어보겠다.

연수는 새로운 부서를 이동한지 6개월이 되었다. 본인의 상사인 김부장과는 일과 성과에 집중된 업무적 관계였고, 평소 그런 관계가 오히려 좋다고 생각했다. 김부장은 일의 숙련도가 높은 편이라 상사로부터 인정을 받는 분이지만, 직원들과는 업무 중심의 대화만 나누는 차갑고 냉정하다는 평을 받고 있다. 특히 시간을 엄수하지 않는 사람들을 매우 싫어한다고 했다. 업무 능력도 좋고, 시간도 잘 지키는 편인 연수는 자신은 김부장과의 관계에 문제가 없을 것으로 생각했다.

그러던 중에 비가 많이 오던 어느 아침에 폭우로 교통 체증이 심해서, 김부장과의 9시반 회의를 20분 늦게 도착했다. 당시 김부장의 핸드폰 번호도 없었던 상황이라, 부랴부랴 사무실로 들어갔다. 그런데 김부장의 방문이 열려있어 살짝 보니, 그가 누구와 통화를 하고 있는 것이 보였다. 눈이 마주쳐 들어오라는 말을 기다렸는데, 계속 통화를 하고 있어서 연수는 한참 기다리다 본인 자리로 돌아왔다. 그리고 김부장이 자신을 부를 것을 기다렸으나, 하루 종일 다른 회의에 참석해서인지 아무런 연락이 없었다. 그 다음 날도 연락이 없어 걱정이 된 연수는 이미 3년 동안 김부장과 일을 해온 동료 경미에게 이 사실을 말했다. 연수의 말을 들은 경미는 김부장의 이상한 성격을 이야기했다.

"김부장님이 워낙 약속 시간에 늦는 것을 싫어해서, 너에게 경고 메시지를 주는 것 같다!"

경미로부터 별로 도움이 되지 않는 말을 듣고 연수는 그 일을 어떻게 풀어야할지 고민이 되었다. 어제 회의 때 상의하려던 문제는 오후에 해결이 되어서 다시 회의를 할 필요는 없어졌다. 그래도 순간적으로 '제가 어제 늦어서 죄송합니다. 화가 나셨나요?'라고 물어볼까도 생각했으나, 그 말도 새삼스러워 어색했다. 무엇보다 김부장이 너무 바빠 보여서 굳이 그런 사소한 일로 물어보는 것이 어색하고 오히려 화가 될 수도 있다는 생각을 했다. 그런 한편 연수는 내심 생각했다.

'그래도 그렇지! 최소한 눈까지 마주쳤으면서 그렇게 무시할 수가 있나!'

그런 생각을 하면서 연수는 며칠 동안 기분이 착잡했고, 일도 재미 없어지는 것을 느꼈다. 김부장과의 팀 회의는 그 이후 몇 차례 있었으나 본인에게만 차갑게 대하는 듯했다. 게다가 다른 직원들이 김부장이 선호하는 출신과 성향이 자신과 매우 다르다고 말하는 이야기를 듣고, 더욱 그런 생각을 했다. 연수는 외롭게 느껴지고, 일에 대한 흥미도 점점 없어졌다. 3개월을 그렇게 의욕 없이 지내다가, 마침 타 부서의 자리가 생기자, 그 포지션을 신청한 후 김부장에게 그 사실을 말했다. 그때 김부장이 매우 놀라워하면서 말했다.

의식전환, 비전 정립하며, 도전하고, 성취한다!

"왜 그런 생각을 했나요?"

  나중에 안 일이지만, 김부장은 어떤 일에 집중할 때는 주변 사람을
잘 의식하지 못하는 경향이 있었다. 김부장은 비 오는 날 연수가 늦어
서 사무실에서 본인을 기다린 것을 전혀 의식하지 못했고, 회사에 시
급한 일들이 생겨서 잊었던 것이다. 더욱이 문제가 해결되었다는 소식
을 듣고, 연수가 그 일을 해결한 걸로 이해하고 연수를 능력 있는 친구
로 생각해 왔던 것이다.

의식전환으로 필터를 없애고
사실을 직시해야

  위의 사례에서 보듯이, 의식전환에서 '필터'를 없애는 일이 가장
중요하다. 생각의 필터는 사실 그대로 받아들이기보다 '해석'을 하
게 하고, 그것이 말로 표현되어 '대화'로 이어지고, 이것이 결국 선
입견과 고정관념을 만들게 된다.

  연수는 3개월 동안 본인이 가진 생각의 '필터'에 사로잡혀, 본인
이 원하는 것과 다른 부정적인 인식에 따라 행동한 것이다. 김부장
이 자기를 싫어할 것이라는 생각에 사로잡혀, 3개월 동안 자신의 재

능과 가능성을 펼치지 못한 것은 물론, 다른 부서로 옮기는 결정까지 하게 된 것이다. 단 몇 초 동안 벌어진 사소한 일이 연수에게 해석을 주었다. 게다가 해석은 다른 사람들의 경험까지 더해져서 부정적인 생각들로 매일 매일 확장된 것이었다. 우리에게 이러한 필터의 예는 무수히 많다.

필자가 경험한 의식전환의 사례를 하나 소개하고 싶다. 필자가 바슈롬 코리아 대표로 부임했을 때 위기를 타개하기 위한 상품으로 원데이서클렌즈 출시를 위해서도 의식전환이 필요했다. 의식전환을 위해 가장 먼저 했던 일은 엄청난 생각의 필터가 조직 안에 존재한다는 것을 인식하는 것이었다. 그것을 통해 우리가 '사실'로 알고 있는 대부분의 것들이 '해석'이었다는 것을 알게 되었다. 무엇보다 이것을 인식하게 되면 선입견을 제거하는 것은 그다지 어렵지 않았다.

선입견 제거를 위해 우리는 먼저 조직 내에 존재하는 생각의 필터, 해석들을 모두 모으기 시작했다. 바슈롬에서 원데이서클렌즈 관련하여 존재하는 사람들의 해석이 무려 100가지가 넘었다. 예를 들어 직원들은 미국 FDA 승인이 없어 한국 바슈롬이 단독으로 출시할 수 없다고 알고 있었다. 이것이 사실, 혹은 해석인가를 살펴보았더니, 이것도 해석이었다. 미국 FDA 승인 없어도 필요한 임상자료들을 제시한 후 국내 출시가 가능했다. 이것은 오랫동안 지켜온 내부의 허가 프로세스였을 뿐이지, 한국 FDA의 허가를 받는 규제는 아니었다. 우리 팀은 조직에 회자되는 모든 오해와 해석들을 리스트로 만들어냈다. 엄청난 속도로 이 리스트를 만들었는데, 스피드를 보면 수년간 조직에 얼마나 많은 해석과 오해들이 많았는지 알 수 있었다. 이러한 과정을 거쳐 우리는 '할 수 있을까?'를 '할 수 있다'로 의식을 전환시켰다. 바슈롬 코리아의 '몰입된 팀'에 의해 우리는 하나의 목표를 달성했다.

칼럼 2

가능성,
현재의 일과 회사에서 찾기

세상의 모든 일은 가능성Possibilities에서 시작된다. 그럼, 가능성은 어떻게 찾을 수 있을까? 누구나 가지고 있는 재능과 지식을 통해 각자의 가능성을 파악할 수 있다.

현재 자신이 가지고 있는 것에서 가능성 찾아서
도전하고 몰입해야

가능성이란 각자의 경험, 그리고 일과 삶에 대한 열정에서 시작이

의식전환, 비전 정립하며, 도전하고, 성취한다!

되는 것 같다. 많은 친구들이 가능성을 찾을 때 먼저 생각하는 것은 '내가 현재 가지고 있지 않은 것', 즉 '내가 가지고 싶은 것'에서 새로운 가능성을 찾으려고 한다. 영어로, 'The other side is always greener'라는 말이 있는데. 이는 '내가 있는 곳이 아니라 다른 곳이 항상 더 좋아 보인다'라는 것이다. 다른 곳에서 가능성을 찾으려는 사람도 있겠지만, 필자는 '현재 하고 있는 곳에서, 그리고 현재 하는 일에서 각자의 가능성을 최대한 발휘할 수 있도록 도전해보라'라고 조언하고 싶다.

필자는 과거 기업에서 대표로 재직하면서 매우 힘든 사업을 성공적으로 이끄는 즉, 전환Turnaround사업에 탁월한 리더십을 소유한 경영자로 인정받았다. 바슈롬 코리아와 다논의 대표이사로 부임했을 때 해당 기업은 모두 사업적 위기를 맞고 있었다. 그 성과 사례를 여기서 간단히 소개한다.

2006년 무렵 필자가 바슈롬 코리아에 대표로 영입되어 갔을 때의 일이다. 초임 대표이사로서 필자는 에너지와 열정이 넘쳤고, 못할 게 전혀 없다는 마인드를 가지고 출발했다. 그런데 필자가 입사하는 날부터 바슈롬 코리아의 주요 제품까지 리콜되었다. 그런 상황에서 필자는 앞으로 더 나빠질 게 없고 오히려 좋아질 일만 남았다고 생각했다. 충만한 자신감과 긍정의 힘이 그런 생각을 만든 것이리라.

필자가 바슈롬 코리아에 입사한 2006년 매출은 리콜로 인해 200억원 이하였을 뿐 아니라, 50억원이 적자였다. 그러나 필자가 바슈롬 코리아를 떠난 2011년 바슈롬 매출은 600억원을 기록해 매출 3배, 순이익은 6배로 성장했다. 특히 경이적인 성과는 200명의 상주 인력을 80명으로 줄이고, 사업모델을 위탁판매에서 사입판매 형식으로 변경하는 가운데, 콘택트렌즈 반환률을 40%에서 3%로 감소시킨 것이다. 또한 리뉴모이취략렌즈 매출이 하락된 반면, 리뉴센서티 브렌즈ReNu Sensitive eyes라는 오래된 포뮬러Formul로 변형하여 매출의 감소문제를 해결했다. 그리고 효율이 나오지 않는 난시 제품과 같은 품목을 대폭 줄이고, 경쟁업체 존슨앤존슨에 비해 취약한 제품 라인업 구성을 다시 했다. 존슨앤존슨의 아큐브서클렌즈와 대항할 수 있는 숨쉬는 서클렌즈인 나추렐Naturalle을 출시하여 고기전략으로 매출을 올렸다.

현재 조직 현황에 집중하여 운영의 효율성 높이고 벤더 지원

또한 제약과 카타렉 및 라식 사업을 통합하여 비전케어, 제약, 기기 사업을 통합하여 운영하도록 했다. 그리고 한 명의 CEO가 3개의 본부를 운영하며 시너지를 낼 수 있는 구조로 변환시켰다. 그 결과, 본부인력을 줄이고 영업사원을 증가시켜 시장 대응력을 강화했다. 그리고 주로 아큐브가 선전하는 안경원을 목표로 하여 집중적인 영업 및 프로모션을 전개하면서 그들의 지원을 얻게 되었다.

이러한 성과에 힘입어 필자는 당시 바슈롬 본사 로체스터에 초대되어 최고의 리더들에게 수여하는 '바슈롬 리더 어워드'를 받기도 했다. 이러한 성과에 힘입어 필자는 글로벌 최고인재그룹 28명 중의 한 명으로 선정되어 새로운 비전, 글로벌 전략을 수립하는 8개월 과정에 참여하게 역량강화를 위한 질 높은 교육과정에 참여했다. 그리고 3년차에는 새로운 도약을 위해 글로벌 본부가 진행한 '돌파 Breakthrough프로젝트'에 참여하면서 혁신에 집중했다.

자신만의 스토리로 비전과 목표를 세우고
결과를 내며 성취해야

요즘 같은 비대면 시대에 프리랜서 혹은 풀타임으로 전문직 일을 하는 것 모두 가능하고 좋은 일이다. 중요한 것은 '어떠한 목표와 어떠한 결과를 위해 일을 하는 것인지', 그리고 '짧더라도 목표에 따른 결과를 내고 있는 것인가'에 대한 질문을 던지는 가운데 나름의 답을 얻는 것이다. 그 작은 목표들이 본인의 큰 비전에서 나오는 것이라면 본인이 내야 하는 결과도 그것에 따라 움직여야 할 것이다.

커리어도 도전과 결과의 스토리가 있어야 한다. 지금 하는 일이 각자의 큰 비전에서 어떤 의미가 있는지 파악하는 것이 바람직하다. 항상 지금의 성과가 의미가 있는지, 그리고 본인이 원하는 결과를 내고 있는가에 대해 스스로에게 질문을 던지는 것이 필요하다. 그리고 그 안에서 먼저 성과와 결과를 내도록 해야 하며, 본인만의 스토리를 만들어 내도록 조언한다.

의식전환, 비전 정립하며, 도전하고, 성취한다!

걱정과 두려움 분리하고 돌파하기

가능성을 위한 의식 전환에서 가장 중요한 것은 두려움을 없애는 것이다. 두려움은 왜 생길까? '야심 가득한 목표를 달성하기 위해 부딪혀야 하는 돌발적인 상황들을 필자가 정말 극복할 수 있을까'라는 불안함도 있지만, 극복하기 어렵다고 미리 결정을 내리기 때문이기도 하다.

**획기적인 성과,
걱정과 두려움을 분리하는 대응력에서 비롯**

필자가 미국에서 일할 때, 주변 분들로부터 주지한 중요한 사실이 있다. '돌파Breakthrough 즉, 획기적인 결과를 내는 사람들은 걱정과 두려움을 일반인들과 똑같이 느끼지만, 그 둘이 다름을 알고 분리해서 대응한다.'

필자가 안정적인 일을 포기하고 어려운 상황에 있는 스타트업에 다시 집중해야 한다고 결정했을 때, 엄청난 걱정과 두려움이 있었다. 걱정은 해결해야 할 수 많은 문제들을 직접 해야 하는 것이고, 두려움은 내가 실패했을 때 경험할 수 있는 최악의 상황이었다. 이때 필자도 걱정과 두려움을 구분하지 못했다. 그래서 일어나지 않은 두려움 때문에 꽤 많은 시간 동안 결단을 못 내리고 방황을 한 것 같다.

걱정은 해결책으로 연결될 수 있는 마치 충족되지 않은, 미완성적인 문제로 해석하고, '두려움'은 마음의 평화를 깨트리고 혼란으로 몰아넣는다. 그렇기 때문에 새로운 도전을 할 때, 단단히 이해해야 하는 것은 걱정과 두려움을 분리시키는 연습을 해야 하는 것이라고 생각한다.

의식 전환 위해
걱정과 두려움 분리하도록 방법 터득해야

한국에서나, 미국에서나 커리어의 길을 걷는데 있어 육아는 쉽지 않은 도전이다. 성경에 '고난이 인내를 주고, 인내가 연단을 낳고 그 연단이 축복으로 간다'라고 했다. 그렇듯이 필자는 사실 어려움 속에 맞는 여유가 더 행복하고 감사한 마음을 갖게 되는 것을 경험했다. 돌이켜보면 필자를 괴롭힌 것은 육아가 아니라 육아에서 오는 두려움과 걱정이었다. 아마도 실제로 필자가 아이들과 눈을 맞추며 육아를 한 시간보다, 걱정을 늘어놓은 시간이 훨씬 많았을 수도 있다.

미국에서 근무할 때의 일이다. 하루는 유럽 출장 중에 미국 집에서 아이를 돌보던 유모에게서 전화가 걸려왔다. 내용은 당시 미국 초등학교 1학년인 우리 둘째가 할머니 지갑에서 달러 몇 장을 가져간 일 때문이었다. 유모는 전화 통화 중 자신의 감정을 드러내며 필자에게 전화를 건 이유에 대해 말했다.

"시어머니께서 제가 돈을 가져간 것으로 의심하는 것 같아서, 기분이 좀 나쁘기도 합니다. 그래서 엄마가 알아야 할 것 같아서 제가 전화를 했습니다."

당시 필자는 회의 중에 그 전화를 받았고, 이후 다시 일에 집중할 수 없었다. 우선 유모에게 "전화 주셔서 감사하다!"라고 말하고 전화를 끊었다.

필자는 답답한 마음에 한국에 있는 남편에게 전화를 걸어, 이 사실을 알리면서 걱정을 늘어놓았다.

"둘째가 왜 이런 행동을 했을까요? 당신이 생각할 때 학교에서도 그랬을 것 같은가요?"

남편은 필자의 이야기를 듣고, 아주 쿨하게 답변했다.

"내가 둘째와 좀 후에 통화해 보겠소! 그 돈을 할머니 지갑에서 뺐으면 왜 뺐는지, 물어보고 대화를 나눠봅시다. 분명히 걱정할 만한 일이지만, 아이 이야기부터 들어보고 무엇을 해야 할지, 어떠한 도움을 받아야 할지 결정을 합시다!"

유모에게 둘째가 지갑에서 돈을 빼갔다는 말을 듣는 순간 필자를 괴롭힌 것은 그 문제의 해결보다는, 앞으로 일어날 수 있는 일과 '두려움'이 앞섰기 때문이다.

'둘째가 혹시 불량소년이 되어가는 게 아닌가', '학교에서도 친구 돈을 가져가면 어떻게 하나', '미국 학교는 그냥 퇴학당할 수도 있는데, 그렇게 되면 어떻게 하나' 등과 같은 생각들이 연이어 이어졌다.

여러 가지 걱정과 두려움이 연달아 일어나면서, 동시에 엄마로서의 부족함과 미안한 마음에 휩싸였다. 그러면서, 생각으로 머리가 가득 차며 심경이 복잡해졌다.

'내가 도대체 무슨 부귀영화를 보겠다고 출장을 온 건지, 이게 무슨 의미가 있는지!'

그날 속상한 마음이 하루 종일 갔고, 급기야 필자는 출장을 줄이고 집으로 돌아왔다. 사실, 둘째가 할머니 지갑에서 돈을 빼간 것과, 나의 출장과는 연관이 없는 것인데도 불구하고, 필자는 실제 일어난 일에 대한 해결책을 출장을 줄이는 걸로 한 것이다. 엄마로서 죄책감을 줄여주는 행동일 수는 있으나, 일어난 일에 대한 근본적인 해결은 아니었다.

당사자와 주변인으로부터 생각과 의견을 듣고 원인을 정확하게 파악하는 것이 급선무

이 경우 가장 바람직한 해결방법은 먼저 사실을 주변인들과 당사자로부터 확인하고, 원인을 이해하고, 어떠한 선택 사항이 우리에게 있는지 살펴본 후 주변의 도움을 받아 문제를 같이 해결하는 것이다. 모든 걱정을 적어보자. 왼쪽 칸에는 그 문제에 대한 걱정을 적고, 그 문제의 결과에 대한 두려움을 적어보자.

걱정Concern	결과에 대한 두려움Fear
예) 목표를 6개월째 달성하지 못하고 있다.	연말에 사직 권고를 받을 수 있다. 필자는 다른 곳에서 새로 일할 수 있는 나이가 아니다.
예) 우리 아이가 학교 불량 친구들과 어울려 공부를 하지 않는다.	우리 아이도 불량아가 될 수도 있다. 그러면 난 엄마 역할을 제대로 하지 못한 것이다. 회사를 그만두어야 할 것 같다.

의식전환,
문제해결의 돌파구

　필자가 아주 좋아하는 말이 있다. 'Breakdown always comes with breakthrough. 실패Breakdown와 혁신Breakthrough은 항상 함께 온다'라는 말이다. 이 말은 '위기가 기회다'라는 말과, 기독교에서 말하는 '고난'이 '축복'이다 라는 잠언과 비슷한 맥락일 수도 있다. 사실 남들과 다르게 성공을 하는 사람들은 어려움 속에서 기회를 만들어내는 과정을 잘 아는 것 같다.

의식전환으로 어려움의 돌파구를 찾고 위기를 기회로 만든다

글로벌 기업들은 사실 대표이사가 성과를 내지 못하면 그 자리를 지킬 수가 없다. 물론 한국도 어느 정도 마찬가지지만, 글로벌 기업들은 인사결정이 사업에 집중되어 있다. 대표이사를 할 때 겪는 고민과 어려움은 직원일 때 겪는 어려움과는 물론 다르다. 하지만, 어려움을 기회로 전환시키는 과정은 직원일 때나 대표일 때나, 위기가 크거나 작거나 별반 다르지 않다. 역설적으로 말하면, 젊었을 때부터 이런 경험을 하는 친구들이 대표까지 올라갈 수 있다고 해석할 수 있고, 사회적으로 성공할 수 있다. 그렇기 때문에 필자는 리더는 타고나는 것이 아니라, 얼마든지 교육과 훈련을 통해 양성될 수 있다고 믿는다. 필자는 아직도 어려움이 닥칠 때마다, 조용히 명상을 하면서 재미없게 보이는 아래 표3-1 그래프를 보고 마음을 가다듬는다.

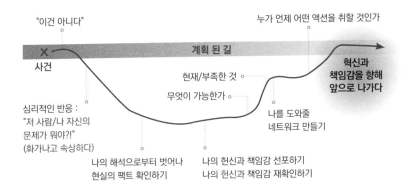

표3-1. 가능성을 위한 의식전환의 그래프

두 줄이 평행선으로 그려진 것은, 반듯하게 펼쳐진 도로이다. 자신이 자동차라고 생각을 해보자. 이 도로를 가다가 갑자기 어떠한 충격이나 문제에 의해 옆으로 이탈을 한다. 삶에서나, 자동차 도로에서나 이탈의 가능성은 언제든지 도사리고 있다. 각자가 맡은 일에서 갑자기 성과가 나지 않을 수도 있고, 조직에 큰 문제가 일어날 수도 있다. 조직의 내외부 환경으로 인한 문제점들은 끊임없이 발생한다. 끊임없는 이탈의 연속이다. 그래서 필자는 '이탈'이라는 단어를 '실패'라는 단어보다 좋아한다. '이탈'은 가는 길이 있어야 가능한 것이기 때문이다. 각자가 가는 길에 목적이 없고, 각자가 원하는 것이 무엇인지도 모를 때는 이탈이라는 것이 존재하지 않는다.

어떤 예상치 못한 사건들이 생겼을 때, 그리고 이러한 일들이 각자가 하고자 하는 일에 치명적인 영향을 줄 때, 우리는 즉각적으로 심리적인 반응을 일으킨다. 그러면서 두려움과 걱정이 앞선다.
"왜 나에게 이런 일들이 일어나는지!"

그런 일이 발생하면, 생각할수록 당황스럽고 속상하다. 그리고, 곧바로 '이게 누구의 잘못이고 누구의 책임인지'를 따지게 된다. 살다 보면, 아이가 아플 때, 예상했던 일이 실패했을 때, 혹은 회사에서 권고 사직 통보를 받았을 때 등과 같은 예상치 못한 일들이 너무도 많이 일어난다. 필자 역시 마찬가지였다. 육아든, 업무이든 누구의 잘못을 따져서 문제가 해결이 되는 경우도 있겠지만, 근본적인

의식전환, 비전 정립하며, 도전하고, 성취한다!

해결을 위해서는 접근 자체를 다르게 해야 한다.

현재의 팩트 파악하면 선택 가능한 옵션 모색 가능

즉, 가능성을 위한 '의식'의 전환을 해야 한다. 화가 나고 속상한 마음이 어느 정도 가라 앉은 이후에, 반드시 머리 속에 오가는 수많은 해석에서 벗어나 현실의 팩트를 확인하는 과정을 치밀하게 한다. 그 과정에서 나를 분리시키는 것이 중요한 것 같다. 사실 이것은 굉장히 힘든 일이다. 나에게 닥친 고통이 크면 클수록 나를 분리시키는 일은 정말 어렵다. 하지만 어려움과 고통이 얼마나 '실제'로 벌어진 일인지, 혹은 얼마나 벌어질 것인지를 두려워해서 오는 불안인지를 우선 분리해야 한다. 필자는 개인적으로 이 과정이 정말 힘들고 어려웠다. 계획된 길에 대한 의지가 워낙 강한 사람일수록 '왜 이런 일이 일어났을까?'에 대한 온갖 해석들을 더하게 된다.

분석을 해서 사실이 정리가 되면, 무엇이 가능한지에 대한 선택 옵션들이 가능해진다. 여기에는 창의적인 방법들도 필요하다. 문제는 아무리 대단하고 똑똑한 사람도 혼자 이 모든 과정들을 감당하기는 어렵다.

제 3장 **실전** 의식전환으로 경이로운 야망과 계획 세우기

의식의 전환으로 문제의 본질 찾아서 실패 극복하고
위기를 기회로!

실패를 극복하는 의식의 전환에서 제일 중요한 것은 걱정과 두려움을 분리할 수 있어야 한다는 것이다. 그리고 '의식의 전환'을 통해 '결과에 대한 두려움'을 해결하는 것이 아니라 문제의 본질이 되는 사실들을 찾고, 옵션을 찾아 도움을 요청하고, 확고한 의지를 공유하고 내편으로 만드는 의식의 전환계기를 만들어야 한다. 위기를 기회로 만들어야 한다.

사건발생에 의한 걱정	결과에 대한 두려움	의식의 전환
예) 목표를 6개월째 달성하지 못하고 있다.	상사가 나를 신뢰하지 않는다. 연말에 사직 권고를 받을 수 있다. 필자는 다른 곳에서 새로 일할 수 있는 나이가 아니다.	우선 위기를 극복하는 방안들을 찾아보자. 첫째, 목표를 달성하지 못하는 이유들을 체계적으로 분석해보자.(fact) 둘째, 6개월 안에 목표를 달성할 수 있는 옵션들이 있는지를 알아보자. 셋째, 누구에게 도움을 요청해야 할지 정하고 회의를 가져보자. 넷째, 상사와 주변에게 나의 확고한 의지를 공유하고 나의 여정에 함께 할 수 있도록 내편으로 만들자.

예) 우리 아이가 학교 불량 친구들과 어울려 공부를 하지 않는다.	우리 아이도 불량아가 될 수도 있다. 그러면 난 엄마 역할을 제대로 하지 못한 것이다. 회사를 그만두어야 할 것 같다.	**Step1** 아이와 대화를 시작하자. 아이의 고민을 이해하고 함께 목표를 세워보자. 누구에게 도움을 요청해야 할지 상의하고, 내가 그 아이의 편에 항상 있다는 것을 알리자.

실패를 극복하는데 도움이 되는 사례를 하나 들어보겠다. 만약 남편과 함께 오랜 만에 여행을 가기 위해 비행기 시간에 맞춰 공항으로 자동차를 운전하고 가고 있다고 상상을 해보자. 그런데 갑자기 차의 오일이 바닥나서 멈추게 되었다(사건 발생). 오일을 충분히 채우지 않는 남편 습관(해석)이 짜증나고 원망스러웠고, 비행기를 놓치게 되면 중요한 거래처 사장님과 부부동반 골프를 할 수 없게 되어(해석/두려움) 중요한 거래를 놓치게 된다(두려움). 이 모든 게 남편 때문이라는 생각이 들고, 매사에 도움이 안되는 남편과 사는 자신이 불쌍해졌다. 남편과 격하게 싸우면서, 길가에서 응급 조치를 취하다가 도저히 기분이 상해서 여행을 취소하게 되었다.

우리가 일상적으로 흔히 겪을 수 있는 일이다. 돌발 현상이 일어났을 때 우리가 쉽게 접근하게 되는 일이다. 화가 나고 속상하고 우선 책임을 묻게 되지만, 이것은 전혀 도움이 되지 않는다. 이런 일이 일어났을 때, 취해야 할 행동을 다음의 순서대로 점검해보는 것이 바람직하다.

첫째, 물론 화는 치밀겠지만, 가급적 화를 가라앉히고 격한 감정에서 벗어나서, 목표가 이 비행기를 제 때에 타야 하는 것인지, 아니면 골프 약속을 지키는 것인지를 확인하고 논의를 해야 한다. 두 번째, 어떤 팩트가 있는지를 점검한다. 골프 약속 시간은 언제인지, 다음 비행기는 언제인지, 단순이 오일만 채워야 하는 것인지를 알아본다. 세 번째, 다음에는 어떤 옵션이 있는지를 점검한다. 그것에 따라 필요한 사람들에게 도움을 요청해서 서로 해야 할 일들을 정하고 실행한다.

여기서 중요한 것은, 비행기 시간에 맞추는 것이 중요한 것인지, 골프 약속을 지키는 것이 중요한지에 대한 목표 재정립과 확인이다. 제 때 비행기를 타지 못했다고 화를 낼 수 있지만, 무엇이 중요한지 확인을 해야 한다. 이러한 돌발 상황들이 있었지만, 약속을 지키기 위해 노력한 사람들에게 신뢰와 호감이 높아지는 것은 당연한 것이다.

독자들은 '너무도 당연한 것인데 너무 장황하게 설명을 하는 게 아니냐'라고 할 수도 있다. 사실 우리를 힘들게 하고 각자가 가는 길을 포기하고 싶게 하는 것은 각자 자신의 감정을 잘 이해하지 못하고 본질의 문제가 아닌 결과에 대한 두려움 때문일 수 있다. 필자는 주변에서 그런 케이스들을 너무도 많이 목격해왔다. 특히 일하는 여

●
의식전환, 비전 정립하며, 도전하고, 성취한다!

성들이 회사를 그만두었을 때, 사실은 문제의 본질을 해결하기 보다는 결과에서 오는 두려움을 해소하기 위해 커리어를 포기하는 것을 많이 보아왔기 때문이다.

의식전환의 중요한 사례 노트

위기를 기회로 만들기 위해 전조직의 '의식전환'을 이끌어내다
LG 에너지솔루션 권영수 대표이사 부회장

필자가 오래 전부터 알고 있고 멘토이기도 한 LG 에너지솔루션 권영수 대표이사 부회장의 대표적인 인식전환의 경영사례를 여기서 소개하고 싶다. 2006년 즈음 LG 디스플레이 대표였던 권영수 부회장은 TFT-LCD 개발을 시작으로, OLED, IPS 등의 기술을 통해 혁신적인 디스플레이 및 관련 제품을 생산하고 판매하는 글로벌 디스플레이 회사의 최고경영자였다.

당시 바슈롬 콘텍트렌즈 글로벌 전략에도 관여를 했던 필자는 비록 분야는 다르지만 LG 디스플레이의 끊임없는 디스플레이 품질 혁신에서 배울 점이 있다고 판단했다. LG 디스플레이도 바슈롬이 추구하는 '더 선명한 시야High definition' 와 같이 '업계를 선도하는 디스플레이' 라는 미션을 추구하고 있었다.

당시 난시, 노환 등의 콘텍트 렌즈 활성화 방안을 고민하던 필자는 권영수 부회장님과 가진 몇 번의 면담에서 양사가 시너지를 낼 수 있는 아이디어를 제안했고, 필자의 제안을 바슈롬 글로벌 경영진도 적극 지원했다. 바슈롬은 눈건강 전문기업으로 델 인사이드Dell Inside 와 같이 바슈롬 인사이드처럼 눈의 피로를 줄여줄 수 있는 방안을 바슈롬 글로벌 R&D와 연계하여 추진해보기로 했다. 이 같은 계기를 통해 바슈롬은 바슈롬 인사이드까지는 아니어도, 중국시장을 대상으로 눈 건강을 위한 메시지와 상품개발의 계기를 만들었다.

권영수 부회장님은 당시 글로벌 기업에서 확산되고 있던 지식경영 Knowledge Management의 일환인 TSMTransfer of Success Model이 라는 경영혁신 프로세스를 LG 디스플레이에 도입하고 싶다고 했다. 이에 필자는 바슈롬 코리아 대표이사를 하면서 디스플레이 경영혁신 자문을 하도록 바슈롬 경영진으로부터 지원도 받았다. TSM은 글로벌 기업들이 당시에 도입했던 지식운영 프로세스로 회사 내에서 일어나는 모든 성공 사례들에서 성공요인을 분석해 조직원들에게 전파시키는 운동이었다. 권영수 부회장님은 LG디스플레이 내에서 기업의 성공사례들이 조직원들에게 제대로 전파가 안되고 있는 것과 동시에 조직원들이 여러 가지 이유를 들어 사례적용을 거부하는 조직문화가 만연되어 있다고 판단했다. 그래서 자신이 운영하는 조직 구성원들이 변화를 수용하는 문화로 바꾸려고 했다.

TSM은 성공을 규정하는 것부터 시작한다. 성공이란 절대 경쟁사가 규명하도록 허용하지 말고, 절대적으로 중요하다고 믿는 관점을 토대로 스스로 규정해야 한다는 경영철학에서 파생된다. 즉, 매번 석기 시대로 돌아가 새롭게 바퀴를 만드는Re-invent the wheel방법에서 벗어나서 성공사례를 확대, 적용, 개선하여 성과를 극대화하는 혁신 경영기법이다. TSM은 어느 한 지역과 조직에서 이루어낸 성공사례를 규정하고, 성공요인을 분석 및 평가하는 한편 워크숍을 통해 베스트 프랙티스Best Practice를 공유하고 이를 최고경영진에서부터 현장 직원들까지 공유하고 확산시키는 것이다. 이와 동시에 확산을 계속해서 모니터링하는 체계적인 조직혁신 프로세스이다.

권영수 부회장님이 이 프로세스를 LG 디스플레이에 적용하려고 하는 이유는 다른 조직에서 이룬 성공사례를 받아들이지 않는 조직문화를 바꾸기 위해서였다. 권영수 부회장님은 TSM을 도입해서 변화를 수용하는 가운데 의식전환을 통해 성공을 확장시키는 조직문화를 정착시키고 싶어했다. 그래서 성공사례들을 통일된 포맷으로 분석하는 가운데, 성공요인들을 조직 전체에 전파시켰다. TSM 운동을 실시한 결과, LG디스플레이 내 전파는 결국 더욱 많은 성공사례들을 만들어 조직원들의 의식전환을 이끌어냈다. 그리고 크리티컬 성공팩터 Critical Success Factor를 사례에 도입시킴으로써 더 많은 성공사례들을 만들어내는 가운데 중요한 의식전환의 계기를 만들었다.

여성커리어들이 성장하는데 롤모델만큼 중요한 것은 없다. 필자는 여성리더들 중 롤모델도 있고 멘토도 있지만, 남성리더도 충분히 롤모델이 될 수 있다고 생각한다. 자타가 인정하는 유능한 전문경영인인 권영수 부회장님을 만나서 그분이 위기를 기회로 극복시키는 리더쉽을 직접 보고 배우는 기회가 필자 자신에게도 큰 성장의 계기를 제공했다. 항상 고객을 감동시키는 것에 집중하고, 1위 정신을 전 조직에 확산시키는 능력, 인재 네트워크를 내외에 구축하고 적극적인 인재영입을 최우선으로 삼는 인재경영 등이 필자가 특히 감명을 받고 배운 점이다. 필자가 권영수 부회장님이 하신 말 중에 큰 울림이 되는 말이 있어 소개하고 싶다.

"경영은 사람의 마음을 얻는 것이고, 사람의 마음을 얻는 최고의 지혜는 경청이다."

이 말은 창업과 협회를 새로 만들어 발전시키는 지금의 필자에게도 큰 지침이 된다. 사업도 개인의 삶도 목표를 이루고 성공하는 요소는 동일한 것 같다. 비전을 세우고, 과거의 경험과 선입견에서 출발하는 것이 아니라, 오로지 현실에서 나에게 가능한 것이 무엇인지, 무엇이 팩트이고 무엇이 두려움인지를 구별하며, 주변에 나를 지지하고 응원하는 사람들의 도움을 받아 하나씩 성공사례들을 만들고, 그 사례를 근거로 결과를 만들어 나가는 것이다. 그 과정에서 각자의 장점과 한계를 이해하고 훌륭한 팀을 구축하는 것이 성공을 향한 비결이다.

의식전환, 비전 정립하며, 도전하고, 성취한다!

칼 럼 5

1+1+1= 10이 되도록
나를 응원하는 몰입된 팀 구성

필자의 경험을 봐서도 그렇고, 각자 최고의 모습을 이끌어 내는 사람들이 전례 없는 성과를 내는 것 같다. 이것은 일에서도, 개인의 삶에서도 마찬가지라고 생각한다. 팀으로 해결해야 할 수 많은 문제들을 혼자 해결하려고 하는 것은 어리석은 일이다.

나를 응원하는 몰입된 팀 구성 4단계

우리 각자를 지원하고 응원하는 팀이 주변에 있다는 것은 정말 멋진 일이다. 어떻게 하면 그것이 가능할까? 각자 자신을 지원하는 몰입된 팀을 구성하기 위해 아래 순서대로 액션을 취해야 한다.

첫째, 주변에 본인의 비전을 선포한다.

주변에 각자가 원하는 것과 반드시 달성하고자 하는 본인의 의지를 알리는 것이다. 필자는 이것이 제일 중요하다고 생각한다. 존 에프 케네디 대통령이 대통령에 당선된 후 연설에서 당당히 선포했다.
"미국이 '달'에 갈 것입니다."

도저히 상상할 수 없는 미래의 모습이었지만, 본인의 꿈을 세계에 알리는 것부터 시작이다. 본인의 비전을 주변에 알릴 때 그 순간 이 비전은 나 혼자만의 미래가 아니라 우리의 미래가 되기 때문이다.

필자는 각자의 고민과 의지를 알리고 주변의 도움을 찾을 때 사람들은 도움을 주려고 한다는 것도 경험을 통해 알게 되었다. 30대 초반 아이 둘을 낳고 직장 생활을 하고 있을 때 필자에게 큰 재정적인 시련이 있었다. 당시 필자는 직장 상사들에게 내 사정을 정확하게 알렸다. 그 때는 너무 암담해서 창피하다거나 부끄럽다거나 하는 마음은 사치에 불과할 정도로 필자는 절박했다. 필자의 상황을 알게 된 직장의 상사들은 아이들을 데리고 일본에 가서 근무할 수 있는 인사결정을 내려주었다. 일본 근무를 통해 필자는 가족이 기거할 집과 아이들을 돌봐줄 유모도 구하며 일상의 안정을 찾을 수 있었다. 무엇보다 일본 근무가 계기가 되어 필자는 세 아이들과 미국과 한국에서 마음껏 일하는 한편 아이들은 좋은 환경에서 학업을 할 수 있는 기회를 얻게 되었다. 절박함은 모든 난관과 망설임을 뛰어넘을 수 있는 유일한 힘이자, 해결책이었다.

많은 경우 사람들은 각자의 꿈과 비전을 타인과 공유하기를 꺼려한다. 그 이유는 부끄러운 생각도 들고, 또 스스로의 약속을 지킬 자신이 없어서 일 수도 있다. 기독교에서는 어려움에 처했을 때 '하나님께 간절히 기도를 드리라'라고 한다. 필자는 이 기도가 굉장한 힘을 준다고 생각한다. 각자가 절실히 원하는 것이 무엇인지를 고백하고 주님께 간절히 기도할 때, 각자가 원하는 게 무엇인지를 말로 선언하게 되고, 그 자체가 엄청난 힘을 주는 것 같다.

풀무원다논은 수 년 동안 적자를 면하지 못했다. 적자에서 흑자로 전환시키는 것이 제일 중요한 것이었다. 필자가 처음 다논의 대표로 갔을 때 무려 200억원이 적자였기 때문에 매년 적자폭을 크게 줄이는 것도 굉장한 성과로 생각했고, 연간 목표로서 손익분기점Break-even을 다음 해에는 달성하는 것으로 설정했다.

그러던 과정에서 필자는 상사와 '어떻게 하면 이 사업을 흑자로 전환할 수 있는지' 등과 같이 이런저런 대화를 나누었다. 그러던 중 어느 날 적자를 흑자로 만들기 위해서는 '단 한 달만이라도 적자가 없는 달을 경험을 하도록 하는 것이 필요하다'라는 생각을 하게 되었다. 당시 그 생각을 3월에 했는데, 11월에는 흑자로 전환시켜야 한다는 목표를 설정했다. 왜 11월인지는, 사실 사업적인 배경이 있지 않았다. 다만 필자는 변화를 알리고, 집행하고, 결과까지 내는 시간이 6개월은 필요하다는 판단이 들었기 때문에 11월로 정했다.

그렇게 결정한 후 필자는 전 직원 회의에서 선언했다.
"올해 11월에 우리 회사가 적자를 내지 않게 될 것입니다."

당시 회사는 매달 3억-5억원씩 적자를 내던 상황이었다. 그런데 과감한 구조조정을 하지 않고, 또한 매출에 큰 변화도 없이 이 만큼의 적자를 줄이는 것은 불가능하게 보일 수도 있었다. 그러나 이에 개의하지 않고 필자는 대표의 의지를 조직 전체에 선언했다. 그러면서 팀에게 선언했다.
"지금 이 순간 어떻게 달성할지에 대해서는 저도 알 수가 없습니다. 다만 '몰입'된 팀과 이 목표를 11월에 달성하겠습니다. 이것을 위해 인위적인 구조조정은 하지 않겠습니다."

이 목표를 선언하고 난 후 필자는 직원들에게 질문했다.
"이 과장, 우리가 과연 이 목표를 달성할 수 있을 것으로 생각합니까?"

그랬더니 '달성할 수 있다'라고 믿는 사람이 아무도 없었다. 그들은 우리 팀이 할 수 있는 것이 제한적이라고 생각했던 것이다. 어수선한 분위기로 어떻게 해야 할 것인가에 대한 의견들이 분분했지만, 어느 순간 팀이 적자를 줄이는 목표를 위해 각자 자신의 일에 몰입하기 시작했다. 매일 매일 비용과 매출의 개선점들을 찾는 가운데, 플랜을 수립하기 시작했다.

불가능한 도전에 대한 결과는 어떻게 되었을까? 11월에 흑자 전환이 되었을까? 답은 다음 페이지에 나와있다.

두 번째, 선언을 한 후에는 깊은 대화를 해야 한다.

현실에 대한 공감을 하고, 각자가 해야 할 역할에 대해 논의를 시작한다. 인위적인 구조조정이 없이 이미 비용도 최소한으로 사용했던 상황에서 20% 비용절감을 하는 것은 불가능하다고 여겨졌다. 하지만, 목표를 선언한 후에, 당연히 하는 것으로 여겨졌던 것들에 대해서 근본적인 질문을 하기 시작했고, 팀 스스로가 역할을 정해 계획을 세우고 아이디어를 내기 시작했다.

세 번째, 어렵고 힘든 일일수록 많은 실패가 있을 것을 가정하고 그 대안을 논의한다.

실패를 미리 예측하고, 대응의 시나리오까지 만드는 작업을 한다. 몰입된 팀일수록 좋은 결과가 나온다. 하지만 엄청나게 몰입을 했는데도, 얼마든지 좋지 않은 결과가 나올 수도 있다. 몰입이 된 만큼 실망도 클 수 밖에 없다. 다만 그것을 실패로 받아들여 포기하는 것이 아니라, 배움의 기회로 수용해야 두려움이 없어진다.

> 11월까지 인위적인 구조조정 없이 흑자로 돌린다는 목표는 안타깝게 달성하지 못했다. 그런데, 12월에는 달성을 했다. 11월에 달성을 하겠다고 최대한 몰입이 되었는데, 막상 그 달은 달성을 하지 못했지만, 12월에는 달성을 하게 된 것이다. '시간'이라는 프레임은 목표 설정에 가장 중요하다. 필자는 스스로 하는 약속에도 꼭 시간 목표를 준다. 아무도 그것을 요구하지 않아도, 스스로 정하고 선언할 수 있어야 한다.

사실 팀의 구성은 우리네 삶의 전반에 필요하다는 생각을 한다. 많은 이들이 필자에게 '어떻게 그렇게 일에 집중하면서 무려 세 아이들을 잘 키웠는지'에 대해 물어본다. 돌이켜보면, 필자는 양육이라는 것이 단지 부모만의 역할로 보지 않았다. 필자가 모두 해야 한다고 처음부터 목표를 두지도 않았다. 다른 엄마들에 비하면 챙겨주는데 미흡했지만, 그 어느 아이들에 비해 부모의 지원이 미흡했다고는 생각하지 않는다. 세 아이 학부모 모임에 물론 시간을 내어 참석을 한 경우도 많았지만, 필자의 친언니나 절친이 대신 간 적도 많았다. 둘째 초등학교 추첨 때 필자의 베스트 프렌드가 필자를 대신해서 학교에 가서 제비뽑기를 하여 당첨된 적도 있었다. 물론 엄마인 필자가 아이들의 학교를 가는 것이 가장 좋겠지만 엄마를 대신해 주변의 네트워크를 통해 적극적으로 도움을 받는 것이 맞다고 생각하고, 팀웍을 통해 아이들의 양육을 할 수 있었다고 생각한다.

의식전환, 비전 정립하며, 도전하고, 성취한다!

바쁜 직장생활에도 세 아이 잘 키운 비결은
가족과 친구의 팀워 활용!

많은 여성들이 양육에 있어 어려움이 있을 때 도움을 청하는 대상을 친정부모나 시부모님들이다. 그러나 우리의 경우는 두 집 모두 직접적인 양육을 해주시지는 않았고, 유모와 도우미 아주머님들이 키워주셨다.

사실 우리 세 아이가 이렇게 잘 자랄 수 있는 것은 남편, 아이들, 부모와 형제, 친구, 무엇보다 수없이 스쳐간 유모의 몰입된 팀워크가 있었기 때문이라고 해도 과언이 아니다. 그 중에 남편의 도움이 제일 컸다. 사실, 우리는 처음부터 육아를 시어머님이나 친정어머님께 맡기지 않았기 때문에, 20여 년 동안 우리 집에서 일한 유모 도우미만 열명이나 된다. 그도 그럴 것이 한국에만 있었던 것도 아니었고, 미국과 일본까지 아이들을 모두 데리고 다녔기 때문에 아이들의 유모가 열명 이상이나 된다.

그럼에도 불구하고 아이들이 잘 커준 이유는 무척 가정적이고 세심한 남편으로부터 큰 도움을 받았기 때문이다. 그리고 무엇보다 우리 큰아들의 역할이 가장 컸다. 막내 수영이가 태어났을 때 큰 아이는 중학교 1학년이었고, 둘째는 초등학교 1학년으로 형제들 사이의 터울이 꽤 있었다. 큰아들 현욱이는 어릴 때부터 일하는 엄마의 존재를 인지하고 있었다. 그래서 7살이 되어서 동생이 태어나면서부터 엄마가 집에 없을 때는 동생을 돌보며 노는 것을 자신의 일과로 알고 있었다. 학교에서 돌아오면 어린 동생과 함께 놀면서 동생들의 의젓한 형이 되었고, 때로는 어린 동생들에게 부모와 같은 든든한 버팀목과도 같은 역할을 했다.

출장이 많았던 필자에게 가장 든든한 버림목,
아이들의 큰 형

일하는 엄마를 도와주는 조수 역할을 한 사람이 우리 집 큰 아이다. 큰 아이는 본인 숙제를 마치면, 둘째 아이 숙제를 미리 검사하고

수영이가 태어난 후 미국 뉴저지 MSD에서 근무했을 때 현욱이가 막내 동생을 많이 봐주기도 했다.
또한 현욱이는 학교에서 돌아오면 동생 지욱이와 놀아주면서 엄마와 형 역할을 든든히 했다.

의식전환, 비전 정립하며, 도전하고, 성취한다!

막내 우유를 먹여주고 동생과 함께 놀기도 했다. 그래서 큰 아이는 미국에서 중학교를 마치고 고등학교에 들어갈 때, 입학 에세이에 엄마를 도와 동생들을 돌보는 스토리를 쓰기도 했다. 그런 가정 환경 때문에 우리 아이들은 엄마가 시키지 않아도 스스로 찾아서 공부하는 자율적인 학습을 하게 되었다. 그것은 결과적으로 형제간의 우애를 강하게 하는데도 도움이 되었고, 모두 자립심이 강한 아이들로 자라게 된 것이다.

서포터즈의 경험 노트

큰아들 현욱이가 워킹맘과 살면서 가진 경험과 느낌

한국에서 태어난 저는 어머니가 글로벌 기업에서 일했기 때문에 엄마의 근무지가 있는 일본에서 초등학교 2학년에 입학했다. 그 때 내 동생 지욱이는 2살이었고 한국에서 함께 온 도우미 아주머니가 우리 집에 기거하면서 학교에서 돌아오면 우리 형제를 보살펴 주었다. 나는 일본에서 국제학교에 다니면서 처음 해외 생활을 했기 때문에 낯선 환경에 적응하기 위해 항상 조심하면서 학교에 다녔던 기억이 난다. 당시 우리 집은 어머니 직장 근처에 있었기 때문에 주말에 어머니 회사에 함께 가서 회사 구경도 하였다. 그런 경험과 기억들이 나에게 알게 모르게 어린 시절부터 엄마의 사회적 역할을 이해하고 나의 사회성을 키워준 것 같다.

2년 후 우리 가족은 다시 한국에 돌아와 6개월 정도 서울에서 살았다. 그러다 다시 어머니께서 미국계 회사에서 근무하게 되어 동부의 뉴저지로 가서 살게 되었다. 나는 뉴저지에서도 국제학교에서 다니면서 미국이라는 나라의 크기와 생소한 영어권 문화에 호기심을 가지게 되었고 새로운 환경에 적응하기 위해 나름 무척 노력하며 생활했다.

　미국에서도 우리 가족은 어머니 회사 근처에서 살았기 때문에 어머니 회사도 가보면서 미국 기업이 어떤 곳인지 어렴풋하게 이해하게 되었다. 그러면서 멋진 회사의 분위기에 압도되어 잠시 '나도 커서 엄마처럼 미국계 회사에 근무해보고 싶다'라는 생각을 하기도 했다. 물론 학교에서 돌아오면 어머니가 집에 없었지만 도우미 아주머니가 우리에게 간식도 챙겨주고 돌봐주었기 때문에 생활하는데 어려움은 없었다. 그 때 우리 집에 지하실이 있었는데, 나는 학교에서 돌아와 동생 지욱이를 데리고 지하실로 내려가서 운동도 하고 놀았다.

　나의 경우 어머니가 회사 일로 항상 바빠서 나와 대화를 나눌 시간이 부족했다. 그래서 학교 생활을 하면서 학교에서 부딪히는 새로운 상황에 대처하고 결정을 하기 위해 나는 어머니보다는 주변의 친구들이나 선생님들에게 질문을 하며 해결했다. 이런 습성들은 성장하면서 내가 객관적인 자료를 수집하고 팩트에 근거하여 의사 결정을 하는 계기가 되었다. 결과적으로 그러한 습성으로 인해 나는 성장하면서 매사에 엄마나 가족들보다는 객관적인 팩트나 나의 상황판단력에 의존해서 의사결정을 하게 되었다. 나를 비롯해 우리 형제들 모두 스스로의 판단력과 재능을 발견하여 전공을 정하고 졸업 후 취업하고 싶은 기업에 입사했다. 우리 형제들은 각자 자기 주도적으로 미래 직업과 비전을 정하면서 살아가고 있다.

물론 결정이 필요할 때마다 우리는 어머니, 아버지와 현재 심경과 상황에 대해 대화를 나누기도 하고, 부모님의 의견을 귀담아 듣기도 한다. 그러나 결국 최종적인 결정은 항상 우리 스스로 하고 이에 대해 부모님은 우리의 의견을 존중하시며 결코 자신들의 결정을 따르도록 강요하지는 않으신다.

돌이켜보면 어렸을 때는 학교에서 돌아와서 엄마가 집에 계시지 않아서 다소 쓸쓸하기도 했고 멀리 엄마가 출장가시면 보고 싶기도 했다. 그러나 오랜 시간 우리 형제들은 유모와 함께 생활하는 습관과 형제끼리 놀고 돌봐주는 습관이 형성되었기 때문에 생활적으로 별 어려움은 없었다. 특히 그 측면에서 남자 형제가 3명인 점은 서로 형제애도 느끼고 보고 배우는 바도 있기 때문에 좋은 것 같다. 얼핏 생각하면 일하는 부모가 집에 있는 시간보다 밖에 있는 시간이 많기 때문에 자녀 양육하는데 마이너스가 될 수도 있다고 생각할 수 있다.

그러나 한편 생각하면, 사회생황을 하는 어머니, 아버지로부터 들으면서 간접적으로 사회경험을 하는 시간은 우리 형제들의 사회적 생각의 키가 성장하는데 큰 역할을 했다. 어차피 우리가 학교 공부를 마치면 사회로 진출해야 하는 점을 감안한다면, 일하는 부모의 존재가 성장하는 자녀들에게 부정적인 영향보다는 긍정적인 영향이 더 많다고 생각한다. 만약 내가 결혼을 한 후 아내가 워킹우먼으로 커리어를 계속 가지려고 한다면, 나도 우리 어머니, 아버지처럼 아이들에게 다양한 사회생활에 대해 이야기도 해주며 회사도 데리고 가는 한편, 나도 내가 할 수 있는 아이 양육과 가사를 분담하고 싶다.

제 4 장

실전 서포터즈 형성과
성공방식 배우고 훈련하기

서포터즈를 만들고 유지하는 방법

네트워킹의 중요성이 그 어느 때보다 중요한 시기에 우리는 살고 있다. 산업과 산업의 경계가 없어지고, 협업을 해야만 살아남는 시대이다. 네트워킹을 잘 하는 사람과 그렇지 않은 사람의 능력과 실적은 큰 차이를 준다. 그렇기 때문에 결혼을 해서 가정을 이루고 육아를 해야 하는 사람이 네트워킹을 위해 일부로 시간을 빼는 것은 결코 쉬운 일이 아니다.

그렇다면 우리는 어떻게 네트워킹을 해야 할까? 일과 개인의 삶을 획일적으로 나눌 수 없고, 커리어에 대한 비전이 필요하듯이 엄마로서, 자식으로서, 부인과 남편으로서의 비전도 필요하다고 이야기했다. 그리고 가능성에 대한 이야기를 했다. 각자의 비전을 성취하기 위해 필요한 인적 네트워크를 구성하는 것부터 시작이다.

일에서나 개인적인 삶에서나
나를 지원하는 팀원이 필요하다

커리어를 가진 많은 여성들이 '과다한 업무와 집안 일로 도저히 네트워킹을 할 수 없다'라며 이럴 때 어떻게 하는 것이 좋은지에 대해 질문한다.

그렇다. 혼자 힘만으로는 혁신적인 도약을 이루기 힘들다. 주변의 네트워크를 먼저 잘 구축하고, 이들 모두를 각자의 성장을 후원해주는 지지자로 만들어야 한다. 이를 위해서 먼저 해야 하는 것은 본인이 하루, 1주일, 한달 동안에 누구를 만나 무슨 대화를 하는가를 점검해볼 필요가 있다. 우리 인생에서 이루어지는 결과물들은 우리가 하는 무수한 대화들이 합쳐져서 이루어지는 것 같다. 사람들은 대개 주변인들과 나누는 대화 때문에 용기를 받기도 하고, 좌절하기도 한다. 그렇기 때문에 우리는 네트워킹을 생각할 때 무엇보다 각자가 상대방과 나눌 대화의 내용에 대해서 생각하는 것이 필요하다.

긍정적인 에너지를 주는 관계 지속하고
마음에 질병을 주는 관계는 정리해야

　우선 필자는 평소 누구를 만나야 하는지, 만나지 않아야 하는지는, 그들과 나누는 대화를 생각해보고 결정한다. 이를 위해 대화가 '서로 긍정적인 에너지를 주는 대화인지'를 생각한다. 어떤 사람들을 만나면 에너지가 샘물처럼 솟아나기도 하고, 어떤 경우는 에너지가 엄청나게 소모되기도 한다. 만나도 본인의 이야기만 한다든지, 모든 것을 본인 주도로 상황을 풀어나가야 직성이 풀리는 사람들이 있다. 그런 만남은 과감하게 정리를 해야 한다.

　가령 우리 아이들과 이야기를 나누다 보면, 긍정적 에너지를 주는 만남과 그렇지 못한 만남의 사례를 쉽게 가늠할 수 있다. 아이가 어릴 때부터 계속 만나는 친구가 있는데, 그 친구와 하루 종일 함께 있으면, 우울해지고 마음이 어두워진다고 한다. 아이의 친구는 남을 비방하고 세상이 다 마음에 들지 않는다고 말한다고 한다. 그리고 우리 아들에게 지나칠 정도로 이것저것 지적한다고 한다. 그래서 본인도 친구를 만나고 돌아오는 길에 짜증이 난다고 한다. 그래서 필자가 아이에게 질문했다.

　"그런 친구를 왜 만나니?"

　그랬더니 아이가 바로 반문했다.

　"엄마, 그렇다고 안 만나? 내 친구인데?"

그래서 필자는 오히려 아이에게 물었다.

"그 친구가 왜 네 친구지? 친구는 힘들 때 이해해주고 응원해주는
게 친구 아닐까? 그 친구와 대화를 나누고, 네가 얻은 것이 무엇일
까?"

때로 우리는 친구 혹은 가족과의 관계 때문에 많은 에너지를 소모
하고 힘든 상황에 처하기도 한다. 진지한 대화를 통해 더 이상 부정
적인 에너지를 소모하지 않도록 해결하는 것이 필요하다. 또한 굳이
만나야만 하는 사이가 아니라면 관계를 정리하는 게 필요하다고 생
각한다.

인간적 관계를 이어가다 보면 각자에게 힘을 주는 만남과 대화가
있고, 힘을 떨어뜨리고 부정적인 생각을 가득하게 하는 만남과 대화
가 있다. 필자는 그런 대화와 만남을 과감하게 버리라고 조언한다.
우리 인생에서 해야 할 일도 많고 체험할 것도 많은데, 굳이 부정적
인 말과 행동을 하는 사람들과 어울릴 필요는 없다. 에너지는 전염
이 된다. 마음에 질병을 들게 하는 대화들과는 '거리두기'를 할 필요
가 있다.

중요한 것은 대화이다. 꼭 사람을 지칭하는 것은 아니다. 만약 그
사람이 더 이상 그런 '대화'를 하지 않는다면 관계는 다시 회복될 수
있다. 지금 본인이 만나고 있는 사람들을 생각해 보고 그들과 나누

는 대화들을 점검하라. '거리두기'가 필요한 대화인지 아닌지를 점검하도록 하고, 그들과의 만남을 점점 줄이도록 노력해봐야 한다. 그 빈 공간에 새로운 만남들을 채워나가기 바란다. 그 만남들은 당신이 준비한 멋진 인생의 비전을 도와줄 수 있는 사람들과의 대화로 채워나가기를 바란다.

몇 년 전 어떤 글로벌 세미나에서 네트워킹에 대한 강의를 들은 적이 있다. 미국의 유명한 여성 CEO였는데, 그녀의 인맥관리 방법이 상당히 인상적이었다. 그녀는 인맥관리를 하는데 3.3.3룰을 적용하고 있다고 했다.

여기서 그녀가 말한 3.3.3룰을 살펴보자. 우리 모두 참고로 할 수 있을 것 같다.

3.3.3룰

첫째, 시간의 3분의 1은 본인의 동료, 또는 비슷한 상황에 있는 친구나 동료들과 시간을 보내는 것이다.

이들과 함께 시간을 보내면서 편안한 관계에서 서로 정보도 교환하고 관계를 유지하는 것이 필요하다. 선후배가 아닌 친구, 동료들과의

의식전환, 비전 정립하며, 도전하고, 성취한다!

관계를 유지하는 것은 마음을 터놓고 이야기할 수 있는 상대적으로 편안한 그룹이라고 볼 수 있다.

둘째, 시간의 3분의 1은 후배를 위해 사용해야 한다.

우리는 누구에게는 롤모델이 된다. 먼저 그 길을 걷는 입장에서 후배들과 시간을 보내고 코칭해 주는 일은 상당히 중요하다. 후배들에게 본인의 삶을 공유하고 조언을 하다 보면, 다시 한번 각자 자신과 삶의 비전에 대한 믿음과 확신을 가질 수 있는 중요한 기회가 된다.

셋째, 나머지 3분의 1의 시간은 단순히 2-3년 선배가 아니라, 내가 평소 접할 수 없는, 세상을 바꾸는 사람들과 시간을 보내는 것이다.

예를 들면, 일반적으로 만나기 힘든 리더들과의 교류 기회를 가질 수 있다면 적극적으로 만날 것을 필자는 추천한다. 필자는 그런 분들과의 교류 시간을 오랫동안 유지해왔다. 그런 분들과의 만남은 엄청난 교훈과 에너지를 준다. 무엇보다 필자에게 큰 비전을 제시한다. 필자 스스로도 그 정도의 성과를 낼 수 있다는 용기도 얻는다. 그런 만남을 가질 수 있는 방법은 긴 안목을 갖고 그 분들이 필요한 일을 지원하는 것이다. 사소한 일에서도 도움을 제공할 수 있다면, 그것이 인연이 되어 만남이 지속될 것이다.

진정성 있는
책임감과 성실성 유지하기

도약하기 위해서 정직함과 성실함도 중요하지만 진정성있는 책임
감도 중요하다. 정직하기만 한 사람들이 있다. 성실하지만 달성하지
못한 일에 대한 핑계가 있다. 약속한 일을 지키지 못했을 때, 이런저
런 핑계를 대며, 미안해하기만 하는 성향이 있다. 만약 독자 여러분
이 서커스에서 공중 그네를 타는데 받아주는 사람이 당신을 놓쳐서
떨어졌다고 생각해보자. 반대편에서 받아주는 사람은 자신이 잠시
한 눈을 파는 사이 당신을 놓쳐서 굉장히 미안해한다. 하지만 중요
한 것은 당신이 이미 바닥으로 떨어졌다는 것이다.

우리 모두 인생을 살면서 원하던, 원하지 않던 나의 실수가 아닌 상대방의 실수로 큰 고통을 받을 수가 있다. 아무리 미안해도 소용이 없고, 그 결과 당사자는 큰 상처를 받을 수 밖에 없다. 데임즈를 설립하고, 필자 역시 이런 고통을 받았다. 경영능력을 믿고 사업을 맡겼지만, 결과적으로 성과가 없어서 필자가 큰 피해를 보게 되었다. 그 사람은 성실한 사람이었을 수는 있지만, 책임감과 진정성이 있는 사람이 아니었다.

우리 주변에도 그런 사람이 많이 있다. 회사를 그만둘 때 그런 유형의 사람이 나타난다. 회사가 어떻게 되던지 상관없이 그냥 사라지는 사람들이 있다. 본인은 나름 최선을 다했는지는 모르지만, 결과적으로 상대방에게 상처를 주고 책임도 지지 않고 사라진다.

오늘 일하다 이틀 후에 그만두고 나오지 않는 사람들도 있다. 이런 사람들은 공중 그네타기 서커스에서 상대방의 손을 놓고 떨어뜨린 사람들과 같다.

책임감과 진정성이 있는 사람들은 우선 그런 일이 벌어지지 않도록 약속을 하고 지키기 위해, 소신있게 실행에 옮긴다. 신뢰를 구축하기 위해 많은 사람들이 성실하고 소신있게 일하려고 노력한다. 그들에게 진정성이 있기 때문이다. 그럼에도 불구하고 환경이 받혀주지 않거나 천재지변으로 성공적으로 바라는 목표가 이루어지지 않았을 때, 많은 사람들은 아쉬워하지만 비난은 하지 않는다. 그 진정성을 알기 때문이다.

우리 모두 각자 성실한 사람인지, 진정성과 책임감이 있는 사람인지를 생각해보자. 성실하지 않는 사람들도 물론 있겠지만, 그들은 이 책을 구입하거나 독자가 아닐 가능성이 높다고 생각하기 때문에 제외한다.

진정성있는 책임감의 의미와 유지하기

첫째, 우선은 스스로 인식부터 해야 한다. 무수히 많은 선입견과 오해들이 존재하고 이들은 순식간에 부정적인 '대화'들을 통해 가능성을 제한하고 부정적인 생각들로 증폭될 수 있다는 것을 인식한다.

둘째, 상대방에 대한 책임을 다한다. 오해나 선입견이 될 수 있는 소지가 있으면, 먼저 다가가 부정적인 시각을 긍정적인 관점으로 바꾸어 대화를 한다. 우리는 혼자는 절대 결과를 만들어낼 수 없고, 서로의 행동과 말을 통해 영향을 받는다. 부정적인 말을 하는 순간, 나의 의식도 부정적이 되지만, 상대방의 의식도 부정적인 영향을 받는다. 타인에 대해 부정적인 말을 들을 때 그 말이 나에게도 좋지 않은 영향을 준다. 조직에서 진정성있는 책임감을 갖춘 인재를 양성하기 위해서 무엇을 해야 할까? 아래 3가지를 고려하여 평소 직원들을 관리해보자.

첫째, 건설적인 피드백을 줄 것을 조언하라.

둘째, 책임과 권한이 제대로 운영될 수 있도록 한다. 혼자 모든 것을 다 하는 것이 아니라, 대화를 통해 상대방이 함께 몰입할 수 있도록 하고, 권한과 책임을 주고 기다린다.

셋째, 무엇보다 약속을 지킨다. 마음씨 좋은 사람보다 약속을 지키며 진정성이 있는 사람들을 우리는 원한다.

칼 럼 3

건강을 잃지 않고
마음의 평화 얻기

사실 목표를 가지고 사는 삶에는 힘든 순간들이 너무도 많다. 불안할 때도 많고 속상할 때도 많다. 때로는 '내가 왜 굳이 이렇게 힘든 선택을 하면서 살아야 하는가'라며 스스로에게 자문할 때도 많다. '이렇게 나에게 최선을 다하는 삶이 가장 행복한 삶인가'라고 스스로 자문을 할 때도 많다.

세 아이를 키우면서 어떻게 좋은 일들만 있었을까? '분명히 학원 앞까지 데려다 주고 회사로 출근했는데, 학원에 아이가 오지 않았다'고 연락이 와서 일하다 말고 아이를 찾으러 다니기도 했다. 때로

의식전환, 비전 정립하며, 도전하고, 성취한다!

는 문제아들과 어울려 다니다가 경찰서에 불려가기도 했고, 직접 경찰서에 가서 용서를 구하고 아이를 데려온 일도 있었다. 필자 역시 아이들과 남편에게 닥쳤던 건강문제로 우울증에 시달리면서, 삶에서 찾아오는 어려움들을 똑같이 겪으면서 살고 있다.

더구나 얼마 전에 남편에게 원인을 알 수 없는 혹이 척추에 생겨서 암은 아니지만, 언젠가는 전신마비가 올 수 있다는 불안으로 살고 있다. 필자 역시 57세에 스타트업을 시작하면서, '정말 잘해낼 수 있을까'라는 불안감으로 잠을 이루지 못할 때가 있다. 힘들 때 '내가 왜 굳이 이 일을 해야 하나? 하지 않아도 되는데…'라는 생각으로 다 포기하고 싶을 때도 많다.

언젠가 그런 날이 올지도 모른다. 그런 날이 온다면 그것은 아마 필자의 건강에 적신호가 올 때라고 생각한다. 스트레스와 부족한 수면만큼 건강에 치명적인 것이 없다는 것을 너무도 잘 알고 있기 때문이다.

해결하지 못하는 인생의 짐으로 인해 어깨가 무거울 때

'어깨가 무겁다'라는 말이 있다. 이 말은 어깨에 무거운 짐 같은 산을 이고 다닌다는 뜻이다. 무릇 모든 사람들에게는 말 못할 인생의 짐들이 있다. 그게 사랑하는 사람의 건강일 수도 있고, 회사의 실패일 수도 있다. 돈 문제도 있고, 직원 문제도 있다. 크고 작은 산을 우리는 늘 이고 다닌다.

우리의 어깨가 무거운 것은 우리가 아직 해결하지 못하고 문제로 남아 있는 일들이 있기 때문이다. 상황이 버겁고 답답한 이유는 해야 할 일이 많아 바빠서가 아니라, 문제의 산이 항상 알게 모르게 우리와 함께 하고 있기 때문이다.

세상의 모든 문제는 완성과 미완성으로 나뉘어진다. 성공과 실패가 아닌, 완성하지 않은, 미완성이다. 어깨의 짐은 바로 이 미완성의 문제를 내려 놓지 못해서이다. 각자의 삶에서 주도권, 자유, 그리고 마음의 평화를 얻는 경험은 오직 두 가지의 의식으로 나뉜다.

첫째, 미완성된 문제를 얼마나 자주 돌파하느냐
둘째, 해야 하는 일과 처리할 문제들의 존재가 삶에 어떠한 영향을 끼치는 것인가

앞에서 얘기했듯이, 우리 부부는 큰 집을 관리하면서 오는 문제들이 우리 삶에 긍정적 영향보다는 부정적 영향을 미친다는 판단을 했다. 그래서 결단을 내리고, 미완성을 완성으로 바꾼 것이다. 어려운 일을 겪을 때 우리는 좌절하고 괴롭다. 하지만, 이 원칙을 실행하면

의식전환, 비전 정립하며, 도전하고, 성취한다!

마음이 편안해진다. 실패가 아니라, 아직 완성이 안된 것뿐이라는 것이다. 그리고 그 미완성을 얼마나 자주 돌파해야 완성 즉, 마음의 평화를 얻는 것인지, 아니면 그 자체가 삶에 얼마만큼 영향을 미치는 가를 생각하면 된다.

지금 조용히 묵상을 하면서 마음의 정리를 해보자. 그리고 아래 사항들을 점검해보자.

- 내가 지금 무엇을 하고 있다
- 내가 지금 무엇을 하지 않고 있다
- 내가 앞으로도 영원히 하지 않을 일은 무엇인가

인생에서 일어나는 모든 일들은 결국은 해결되고 성취될 수 있는 문제들로부터 생겨난다. 그렇기 때문에 세상에는 완성과 미완성만 존재할 뿐이다. 그런 의미에서 본다면 지금 우리가 하고 있는 일이 기회가 될 수 있다. 우리의 일정들은 문제를 해결하는 것이 아니라, 미완성을 완성으로 바꾸는 것으로 채워 놓으면 된다. 예를 들면, 아이가 몸이 아프면 미완성이 되고, 그것을 일정에 넣어 병원을 함께 가면 된다. 회사에서 직원이 그만두면 미완성이 되고 사람을 다시 뽑는 일정을 미션 컨트롤에 넣으면 된다.

우리의 어깨가 무거운 것은 아직 해결하지 못하고, 돌파하지 않은 모든 일들이 나타나기 때문이다. 상황이 버겁고 답답한 이유는 해야 할 일이 많아 바빠서가 아니라, 문제의 산이 항상 알게 모르게 당신과 함께 하고 있기 때문이다

한국 직장인의 번아웃burn out율이 세계 최고라고 한다. 번아웃의 증세는 과도한 업무에서 오는 스트레스라고 일반적으로 생각하기 쉽다. 일종의 에너지 소진과 무기력 증세이고 이것은 할 일이 많아 바빠서가 아니라, 문제의 산이 항상 알게 모르게 함께 하고 있기 때문이다.

미션 컨트롤Mission Control 도구들을 일상에서 사용하면 자신을 붙잡아 두는 장애물을 뛰어넘고 더욱 더 진정성 있고 생산력 있는 삶을 살 수 있다. 그래서 의지와 훈련을 통해 삶에서 주도권, 자유, 그리고 내면의 평화를 성취하는 좋은 습관이 탄생할 수 있다. 특히 결과가 명확하지 않아서 두렵게 느껴지는 일을 해결할 수 있는 능력과 단단한 내공이 생길 것이다.

책임감과 진정성이 있는 사람은 비전을 만드는 사람이고, 자신의 비전과 목표를 공표하고 성실하게 자신이 세운 길을 묵묵히 가는 사람들이다. 비전과 목표가 뚜렷한 사람이라면, 어떤 난관도 극복하며 불가능해 보이는 일도 가능하게 할 수 있다.

건강 루틴의 실행과 의미

필자는 주말과 주중 아침이 무엇보다 중요한 건강 루틴이다. 주말에는 무조건 쉰다. 특히 토요일은 피부관리, 헤어관리, 마사지관리를 무조건 2-3시간 정도는 한다. 토요일 오후를 이렇게 보내기 시작한 것도 40대 중반부터이다. 물론 매주 하지 못할 때가 대부분이지만, 2주에 한번 3시간 정도는 온전히 나의 피로를 푸는데 시간을 들이려고 노력한다. 친구나 대부분의 리더들은 골프로 피로를 푼다고 하지만, 이런 일들이 필자에게는 피로를 풀어주는 건강 루틴이다. 그리고 일요일에는 명상을 하거나 책을 읽기도 한다. 그리고 교회에 가서 기도를 하고 가족들과 시간을 보낸다. 남편과 함께 산책도 하고, 아이들과 같이 가까운 곳에 놀러가기도 한다.

필자는 운동은 별로 좋아하지 않지만 땀을 흘려 운동을 하지 않으면, 일주일을 견딜 수가 없어서 수영과 사이클링을 일주일에 2-3일 한다. 수영을 할 때가 가장 도움이 되지만 번거로움 때문에 내가 좋아하는 음악이나 강연, 설교를 들으며 보낸다. 때로는 헬스클럽에서 사이클링을 하는데, 사이클링도 하루의 활력을 주는데 도움을 준다. 주말에 쉬지 못하고, 아침에 운동을 하지 못한 1주일은 너무 힘들기 때문에 삶에서 피곤을 줄이기 위한 노력도 필요하다.

음식은 남편의 건강 때문에 프로틴과 채식 위주로 하고 잘 챙겨서 먹는 편이다. 그래서 남편과 함께 있을 때는 남편 음식과 필자의 것을 따로 챙기기도 한다. 그러나 솔직히 혼자 있으면 필자도 내 것을 잘 챙기지를 못한다. 아이들도 모두 성장하여 각자 떨어져 살고 있고, 특히 남편이 대부분 미국에 있어서 혼자 있을 때가 많기 때문이다. 요거트 사업과 초록마을 사업을 하면서 사실 먹는 게 가장 중요하다는 것을 너무도 잘 알고는 있다. 그러나 여러 가지 제약 때문에 현실적으로 실천하기가 좀 어려운 부분이다.

어떻게 먹느냐에 따라 체중변화가 심한 필자로서는 스트레스 관리와 함께 먹는 관리가 가장 중요하지만, 잘 챙겨먹는 것을 잊어버릴 때가 많다. 더구나 다른 사람들에게 좋다는 음식들이 필자에게는 별로 좋지 않다는 생각이 들 때도 많다. 그런데 정밀영양협회를 만들고 나서 기쁜 일은 사업을 시작하면서 필자에게 맞는 식단과 영양제를 찾게 된 것이다.

정밀영양은 미국 국립건강연구소National Instiitute of Health의 정밀의학과 함께 등재된 카테고리로 개인화에 맞춰진 건강관리를 의미한다. 정밀영양의 철학은 이상적인 운동과 식사보다는 생활에 작은 변화를 주고 행동에 옮기면서 개선해 나가는 과정을 의미한다. 노화도 질병이라고 한다. 필자도 이제부터 본격적으로 10년 젊어지기 프로젝트를 시작해보려고 한다.

정밀영양협회 발족 취지와 사업화 과제

사실 21세기 생활 전반에 걸쳐 개인 맞춤형은 거스를 수 없는 사회적 흐름이다. 특히 의료 기술의 발달과 위생의 개선으로 고령화를 넘어 초고령화로 나아가고 있는 요즘, 보다 건강한 삶, 행복하고 만족스러운 삶을 위한 개인 맞춤형 영양과 헬스케어 서비스에 대한 요구는 매우 빠르게 증가하고 있다.

빅데이터와 진보된 분석기술을 바탕으로 한 최신의 과학이 섭취의 편의성과 준수율의 증진, 건강의 획득이라는 소비자의 요구를 충족시키는데 그 목적을 둔다. 이러한 맥락에서 의료, 영양, 바이오와 제약, 식품과 헬스케어 등을 취급하는 유통회사와 데이터 및 IT 플랫폼 기업들과 융합하여 개인 맞춤형 영양 서비스를 위한 노력이 이루어져야 한다는 의견들을 모아 정밀영양협회 발족을 추진했다. 협회는 맞춤화를 위한 빅데이터 구축을 비롯하여, 개인의 영양과 건강을 측정하기 위한 연구 및 지표 개발, 교육과 코칭, 홍보를 주요 어젠다로 논의하고 있다. 또한 글로벌 네트워크를 활용하여 심포지움과 학술포럼도 준비 중이고, 협회가 중심이 되어 민간의 정밀영양사업을 본격적으로 추진할 계획이다.

이직해야 할 때 이직하며
성공을 배가한다

평생 커리어를 계획하는 사람에게 중요한 시기는 이직과 승진의 기회를 잡는 일이다. 필자의 경우 특별히 이직을 계획한 적은 없었지만, 자연스럽게 기회가 왔다. 그 이유는 열심히 일하면서 성과를 낸 이후에 업계에 필자의 성과가 알려지면서 실력을 인정받았기 때문이다. 그 결과, 업계에서 스카우트 제의가 왔기 때문에 자연스럽게 이직을 고려하게 되었다.

필자가 첫 이직을 고려한 것은 피앤지 코리아에 재직할 때였다. 당시 필자는 일본 교토에서 근무를 하고 한국에 돌아와 마케팅부서에 다시 합류한 이후 여러 가지 고민과 회의가 일기 시작했다. 당시 피앤지 코리아는 쌍용제지를 인수한 직후여서 합병 일로 분주한 시기였다. 게다가 마케팅 조직구조를 대대적으로 조정하는 과정에 있어서 조직적으로 여러 가지 혼선이 있었던 시기였다.

원래 예정보다 1년을 앞서 다시 한국으로 발령을 받은 필자는 여러 가지 상황이 불만족스러웠다. 일단 피앤지 일본에서는 당시만해도 외국계 임원Expat에게 주택지원과 아이들 학비는 물론 현지적응수당이 거의 월급과 비슷한 수준이었다. 그러나 한국에 돌아오니 이런 모든 혜택이 사라졌기 때문에 재정적으로 힘이 들었다. 거기다가 IMF와 쌍용제지 인수로 월급이 정말 일본 피앤지에 비해 1/3 수준이 되었던 것 같다. 피앤지가 절대 월급이 높은 회사는 아님에도 그정도가 되니 생활적으로 힘들었다. 거기다가 11년동안 해온 마케팅에 대해서도 회의를 느끼기 시작했다.

피앤지 마케팅은 사실 사업을 주도하고 책임지는 주체로, 마케팅 브랜드 매니저가 그 브랜드의 재무 지표를 총체적으로 책임지는 구조였다. 사장이 되기 위해서는 반드시 마케팅을 거쳐야 하는 것은 사실이었지만, 실제 현장에서는 마케팅보다 영업의 힘이 강하다는 것을 느꼈다. 아무리 마케팅이 사업을 책임지는 역할이라 해도, 현장에서 영업이 본인의 브랜드를 집중하고 밀어주지 않으면, 당연히 성과달성이 어려웠다. 그래서 필자는 점점 영업을 해야겠다는 생각이 들었다. 첫 아이를 낳고 3개월동안 육아휴직을 하는 동안 사실 당시 외국인 영업기획 실장이 필자를 영업기획으로 영입하기 위해 대표이사에게까지 어필했었던 게 생각이 났다. 마케팅도 좋았지만 현장에서 실행이 어려우면 소용이 없다는 것을 필자는 깨달았다. 또한 당시 피앤지 코리아 차석용 사장님이 전임 외국인 사장들에 비해 훨씬 많은 시간을 현장과 영업본부장과 보내는 것을 보면서, 영업이 결국 현실을 책임져주는 곳이라는 생각이 들었다.

그러던 차에, 헤드헌팅 회사에서 필자에게 연락이 왔다. MSD라는 외국계 제약회사에서 6개월동안 사업지원 본부장을 맡은 후, 영업과 마케팅을 총괄하는 사업부 본부장의 자리에 필자를 추천하고 싶다는 것이었다. 당시만해도 제약업계는 필자에게 생소했다. 특히 약국에서 판매하는 OTC Over The Counter 즉, 의사의 처방없이 구입할 수 있는 일반의약품 약도 아니고, 병원에서 처방만 가능한 들어보지도 못한 약들이었다. 그런 이유 때문에 필자는 '내가 11년동안 한국과 일본에서 힘들게 배웠던 소비재 마케팅을 다 버려야 하는게 아닌가'하는 고민도 있었다.

그러나 도전해 볼만한 곳이었다. 그 이유는 세 가지였다. 첫째, 업계가 폭발적인 성장을 하고 있었다. 당시 한국은 의약분업 이후, 외국계 제약 회사가 급격하게 성장하던 시기였다. 의약분업 전에는 동네 병원에서도 의사와 병원처럼 환자 진단, 약 처방과 약 제조를 동시에 해왔던 상황이었다. 그 때문에 병원에서 수익을 내기 위해 마진이 좋은 국내산 약을 대부분 처방했다. 그러나 의약분업이 환경을 크게 변화시켰고 오리지널 약을 개발한 외국계 회사들이 급격하게 성장을 하게 되었다. IMF로 인해 한국 시장의 대부분 소비재들은 침체 국면에 있었지만, 제약산업 특히 외국계 제약산업은 급성장하고 있었다.

그러한 사실들은 분명히 기회라고 판단했다. 그 이유는 성장하는 업계에 돈과 인재들이 모인다는 것을 알기 때문이다. 돈과 인재는 필자를 성장시키는데 중요한 역할을 하기 때문이다.

두 번째로 필자에게 제시한 파격적인 대우가 있었다. 당시 피앤지 이사였던 필자는 MSD 코리아에 스카웃되면서 34세 최연소 상무직으로 계약을 했다. 거기다가 일본에서 지원받았던 주택지원 수당도 같이 스카우트 패키지에 포함이 되었다.

세 번째는 역할의 확장과 조직 규모였다. 마케팅팀 외에도 영업팀을 함께 운영을 하는 역할인데, 무려 100명이 필자에게 보고하는 자리였다. 소비자 마케팅이 아니고 B2B 마케팅이라 일은 별로 재미가 없을 것 같다는 생각이 들기도 했다. 그런 한편 필자는 '이게 내 소명일 수도 있다'라는 생각이 들었다.

그 같은 판단을 한 이후 일사천리로 오퍼 레터Offer Letter에 사인을 했다. 그리고 당시 피앤지 코리아 사장님에게 MSD 코리아의 사업지원본부장으로 가게 되었다는 말씀을 드렸다. 필자가 개인적인 이유로 이직 의사를 밝혔지만, 사장님은 필자에게 말했다.

"MSD는 제약업계에 가장 존경받고 훌륭한 기업입니다."

그렇게 말씀하시면서 진심으로 필자의 이직에 축하와 응원을 해 주었다. 사실 피앤지 코리아에서 신입인 필자를 일본 지사 근무까지 지원하면서 성장시켜 주었다. 또 일본에 파견 근무까지 보냈는데 귀국 후 6개월도 안되어 회사를 그만두는 상황이었다. 이 같은 상황이면, 필자라도 도의적으로 "그럴 수 있냐"라고 할 수도 있을 것 같았다. 그러나, 피앤지 코리아 경영진은 개인의 성장을 위해 새로운 길을 선택하는 필자의 결정을 진심으로 이해하고 존중해 주었다. 이 일은 글로벌 기업의 경영자들은 기업의 입장보다 직원 개인의 입장에서 생각하는 것이기 때문에 가능한 일이다.

MSD코리아에서 이직한 이후 필자는 몇 번 회사들을 이직했다. 사람들이 필자에게 질문하곤 한다.

"언제 이직을 하는 것이 좋을까요?"

그런 질문을 받을 때마다, 필자는 절대 이직을 하면 안 되는 상황부터 이야기한다. 그리고 이직의 세 가지 조건들을 설명한다. 물론

의식전환, 비전 정립하며, 도전하고, 성취한다!

사람마다 다를 수 있지만, 필자의 경험으로 나의 원칙이 틀리지 않는다는 확신이 든다.

피앤지 코리아에서 필자의 외국인 상사였던 알 라와니Al Rajwani 라는 분이 항상 하는 말이 있다. 우리가 다니던 직장을 그만두는 이유는 두 가지이다.

"하나는 내 상사 때문이고, 또 하나는 내 상사의 상사 때문이다."

회사를 떠날 때 매우 다양한 이유를 들어 회사를 떠나지만, 사실은 상사와의 관계 때문에 그만두는 경우가 많다. 그리고 그 이유는 대부분 각자가 인정을 받지 못하거나, 각자 이사람 때문에 성장을 할 수 없다고 판단하기 때문이다. 상사의 상사 때문이라는 것은, 내 상사는 괜찮은데, 상사의 상사가 내가 성장할 수 있는 환경을 마련하지 않기 때문이라는 뜻이다.

필자는 회사 일로 어려움이나 곤경에 있을 때 먼저 그만두면 안 된다고 교육을 받았다. 주식으로 말하면 '하한가에 팔면 안 된다'라는 뜻과 비슷하다. 각자가 절박하면 옮기는 회사의 조건이 그다지 지금보다 좋지 않아도 갈 수 밖에 없게 된다. 그래서, 무슨 일이 있어도 상황이 자신에게 유리할 때, 한마디로 스카우트를 받을 정도의 환경에 있을 때까지 참고 기다리는 게 중요하다. 대부분, 지금보다는 나을 것으로 생각된 회사가 전혀 그렇지 못하는 걸 경험하게 되기 때문에, 지금의 문제는 여기서 해결하는 게 더 유리하다.

이직을 결정할 때에 3가지 조건

그렇다면 이직은 언제 하는 것이 좋을까? 필자는 최소한 '6년'은 한 회사에 있어야 한다고 교육을 받았다. 6년이라는 기준은 어디서 나온 걸까? 6년은 글로벌 기업들이 판단했을 때 한 업종과 업계의 시작과 끝을 제대로 이해하기 위해서 약 6년 정도는 걸린다는 것이다. 다르게 말하면, 약 1년이나 2년 정도 다니고 특정 업계와 업종에 대해 전문성을 주장하기 어렵다는 것이다.

필자의 경우 한 직장에서 근무하고 5, 6년이 지나고 아래와 같은 환경이 되었을 때 이직을 정했다. 첫째, 무조건 새로 옮기는 곳의 조건이 지금보다 좋아야 한다. 여기서 말하는 조건이란, 보수의 상향, 일의 범위 확장 등 무조건 지금보다는 좋은 환경이 되었을 때 옮겨야 한다. 물론, 이 조건이 현재의 필자가 고려하는 것은 아니다. 오히려 지금은 조건보다는 얼마만큼 내가 추구하는 가치와 부합하는지를 더 고려하게 된다. 요즘은 월급이나 일의 확장에 대한 것보다 가치를 더 중요하게 생각하는 사람들이 많아졌다. 그러나 한참 돈을 벌어야 하는 세대들은 철저하게 조건을 보는 게 중요하다고 생각한다. 회사와 조건을 협상했을 때 그 사람을 진정으로 원한다면 그

만큼 지불할 의향이 있다. 보수는 시장에서의 나의 가치를 반영하는 객관적 기준이 된다. 기존보다 낮게 간다면 지금 회사에 계속 있을 수 없는 문제가 있다고 볼 수 있다. 이직할 때는 끝까지 각자의 경쟁력을 높여야 한다.

두 번째는 제안을 받은 회사와 업계가 성장하는 곳일 때 이직해야 한다. 성장하는 업계와 기업에서 경험을 쌓는 것이 각자의 미래가치를 올릴 수 있기 때문이다.

세 번째는 각자 영향력이 더 커지고 성장 가능성이 더 좋다고 판단될 때이다.

이것들이 다 충족이 될 때에 이직을 하는 것이 옳다고 필자는 믿는다. 더 많은 보수와 더 큰 역할이 중요한 것은, 새로운 기업에 들어가는 것 자체가 큰 '리스크'이기 때문이다. 수 년 동안 익숙한 사람들과 문화에서는 그다지 리스크가 크지 않지만, 새로운 기업에서 각자가 잘할 수 있을지 아직 알 수가 없기 때문이다.

결론적으로 말하면, 위에 정리한대로. 훨씬 더 좋은 조건들이 아니라면 회사 이직을 하지 않고 '지금 하는 곳에서 승부를 보고 가능성을 찾기'를 조언한다. 물론 한가지 예외 조건이 있다. 불가항력으로 나가야 할 때일 것이다.

칼 럼 5

자신감 있는 당당한 모습이
리더를 만든다

여성이 일터에서 당당하게 경쟁하기 위해서 가장 필요한 것이 무엇일까? 업무적 자질일 수도 있고, 주변 사람들의 지원일 수도 있고, 본인의 열정과 근성일 수도 있다. 그런데 필자가 경험상으로 경쟁에서 승리할 수 있는 최대의 요건은 자신감이다. 필자의 업무 경험에서 그 점을 알 수 있는 한 사례를 소개하고자 한다.

필자가 근무했던 미국 제약회사 MSD는 세계적으로 가장 윤리적인 제약기업으로 알려져 있다. 당시 필자는 역시 여성 임원인 이영숙 인사 및 조직개발 이사와 함께 MSD 코리아에 입사했다. 당시 캐

의식전환, 비전 정립하며, 도전하고, 성취한다!

나다 교포 출신이었던 MSD 코리아 이승우 사장님은 한국 법인을 글로벌 기업 수준으로 끌어올리기 위해 대대적인 조직 변화를 추진했다.

필자와 이영숙 이사가 입사하기 전부터 이승우 사장님은 제약 업계 최초로 약사 출신 여성을 병원의 의사를 방문하는 영업사원에 등용하기 위해 대규모로 채용하여 배치하였다. 그리고 사업전략과 운영을 자유롭고 열린 문화로 변화시켰다.

MSD가 미국계 글로벌 기업이었지만, 피앤지와는 업무 분위기가 달랐다. 임원 중에서 외국계 출신이 거의 없었고, 현장직책과 마케팅 일부를 제외하고는 모두 남성들이었다.

그런 상황에서 필자는 조금도 위축되거나, '과연 내가 임원을 잘해낼 수 있을까'라는 두려움이 전혀 없었다. 그 이유는 피앤지에서 11년동안 배웠던 경영적 능력이면 어떤 상황이든 다 해낼 것으로 생각했기 때문이다. 그만큼 필자는 피앤지에서 배운 능력이 최고라는 확신을 갖게 되었고, 그 때문에 자신감이 충만했다. 돌이켜보면, 사실 피앤지에서 얻은 지식과 경험은 제약회사였던 MSD에 적용하기에는 어려운 상황이었다. 그렇지만 당시에 필자는 피앤지에서 터득한 모든 업무 경험과 지식이 MSD에서도 적용 가능하다고 믿었다.

그런데 사실은 특정 지식이 업무에 실질적으로 도움을 줄 수 있는 것과는 별로 관련이 없다는 것이다. 그보다는 '당사자가 얼마나 조직에서 자신감 있게 일하고 조직 구성원들과 자신에게 유리하게 관계를 이끌어가는가'하는 것이 중요하다는 점이다. MSD 코리아에서 오래 계셨던 분들 입장에서는 '제약에 대해 아는 것도 없으면서, 왠 자신감'이라고 보았을 수도 있다. 그러나 이 때 필자는 '스스로가 정말 최고'라고 생각했고, 그렇기 때문에 겸손해야 한다고 생각했다. '나의 실력을 머지 않아 다른 분들도 알게 될 것'이라는 생각을 하며 인내하며 나에게 주어진 일을 해나갔다. 이러한 믿음은 피앤지가 필자에게 가르친 것들을 거의 종교 수준으로 믿었기 때문이다.

돌이켜보면, 조직에서 이런 당당함과 자신감이 사실은 굉장히 중요한 것 같다. 사실 그런 상황에서 필자가 '정말 잘할 수 있을까'하며 두려움에 휩싸여 있었다면, 나의 위축된 행동과 모습은 겉으로 분명히 나타났을 것이다. 그래서 어떻게 보면 오래 축적된 경험이 오히려 사람을 더 조심스럽게 하고 위축시킬 수도 있다. 이 때의 경험을 반추하면서 필자는 조언한다.

'어떤 상황에서도 스스로의 자질에 대한 믿음을 가지고 용기있고 자신감 넘치는 모습을 보여주는 게 정말 중요하다'

MSD 코리아에서 필자는 사업지원본부장을 6개월동안 맡은 후, MSD 코리아의 탈모와 전립선치료제 사업본부를 담당하게 되었다.

당시 여러 치료제 중에 '프로페시아'라는 탈모제와 전립선 치료제인 '프로스카' 사업은 당시 의사를 상대로 하는 영업과 마케팅도 중요했지만, 환자들에게 교육과 홍보를 하는 일도 중요했다. 그 때문에, 소비자 마케팅을 해왔던 필자가 다양한 소비자와 환자 캠페인을 통해 좋은 성과를 거두었다. 캠페인에서 성과를 내기 시작하니, 필자는 더욱 자신감이 생겼다. 업무에서 성과가 나타나기 시작하자, 함께 일하는 직원들도 필자를 따르기 시작했다.

윗 상사가 나이가 어린 여성이라고 무시했을 때
대응 방안

MSD 코리아에 들어와 2개월쯤 지났을 때였다. 월요일 오후마다 사장님을 모시고 주간 임원회의를 했을 때였다. 필자가 무슨 말을 하기 시작하면, 그 중에 가장 연장자였던 상무가 지긋이 눈을 감고 있지 않으면, 옆에 있는 분과 대화를 시작했다. 그러한 행동의 의도는 필자를 무시한다는 뜻임을 느낄 수 있었다. 뿐만이 아니었다. 필자가 질문을 할 때는 '무슨 말인지 잘 못 알아 듣겠다'라고도 했다. 당시 필자는 이와 비슷한 일을 많이 겪었던 것으로 기억한다. 어떤 면에서는 그렇게 대놓고 상대를 무시하는 게 차라리 낳을 때도 있다. 최근 부임한 기업에서는 앞에서는 상사에게 예의를 갖추고 대했지만, 대답만 하고 실제로 행동은 지시대로 하지 않을 때도 많았다.

한국이 여전히 남성중심적인 기업문화가 강한 사회이기 때문에 일어나는 현상이라고 본다. 그런 이유로 필자는 기업에서 여성이기 때문에 무시당했을 때 어떻게 대응하느냐는 질문도 많이 받았다. 사실 필자는 최근까지 여성이기 때문에 무시를 당한다고 느껴본 적은 없었다. 여성이기 때문이 아니라, 상대를 무시하는 습관이 있는 사람이 남성한테도 그렇다는 걸 알았기 때문이다. 그런 사람들 때문에 내가 상처를 받을 이유가 없다는 생각으로 철저히 무시했다.

또 하나는 만약 무시를 당했다면, 그건 내가 한 행동 때문일 가능성이 높다. 필자는 기본적으로 성격이 긍정적이고, 외국에서 오래 살다 보니, 상대방이 말할 때 맞장구를 잘 쳐주는 경향이 있다. 너무도 쉽게 마음을 열 때도 많다. 좋게 생각하면 솔직하고 열린 행동이라고 볼 수도 있지만, 보수적이고 또 위로부터 지시만 받아온 직원들이 보았을 때는 혼란스럽게 느껴질 때가 있다. 한국 사회에서 여성이 제대로 올라갈 수 없는 이유 중에 하나가 바로 이런 점 때문이다. 나의 특정성향을 과하게 해석하면서 여성이기 때문이라고 해석하는 문제들이 있다.

여성 독자들에게 주는 아이 양육과 자녀 교육에 대한 조언

2004년 필자가 미국 머크Merck 글로벌 마케팅 디렉터로 재직할

의식전환, 비전 정립하며, 도전하고, 성취한다!

때였다. 큰아이가 당시 중학생이었고, 둘째가 초등학교 1학년, 막내는 갓 태어나 3개월만에 미국으로 떠났다. 당시 남편은 한국에서 일해야 했기 때문에 유모와 함께 미국으로 떠났다. 특히 필자는 당시 뉴욕에 사시던 시어머님과 유모를 믿고 미국 근무 기회를 놓치고 싶지 않아서 미국으로 떠났다. 당시 필자는 MSD 코리아에서 가장 유력한 차기 대표이사였고, 대표이사를 하기 위해서는 본사 근무를 하는 것이 매우 중요했다. 당시 사실 고민이 컸다. 처음에는 가지 않겠다고 했지만, 중학교에 들어간 큰아이와 초등학교에 들어간 둘째 아이의 교육을 고려했을 때 여러모로 좋은 기회였다. 당시 강남의 부모들이 아이들의 영어교육을 위해서 미국으로 조기유학을 보내고 있었다. 필자가 그런 결정을 내리게 된 것은 이런 사회적 환경과 남편이 내게 준 조언이 큰 역할을 했다.

특히 필자가 그런 결정을 할 수 있었던 중요한 계기는 MSD에서 자녀들의 교육비를 전액 부담하는 한편 해외 거주할 경우 주택을 지원해주었기 때문이다. 이 같은 시스템을 활용하여 필자는 아이들이 미국의 좋은 교육 환경에서 학업하며 글로벌 인재로 성장할 수 있도록 지원하고 싶었다. 미국에 도착하여 뉴저지 사무실에서 근무하면서 큰아들은 집 근처 국제학교에 입학하여 영어로 교육을 받으며 차츰 학교 생활에 적응해갔다. 둘째 아이는 집 근처 초등학교에 입학했고, 막내는 유모가 양육을 담당했고 주말이 되면 뉴욕에 계시는 시어머니께서 우리 집에 와서 필자를 도와주기도 했다. 미국 생활은 한국에서 걱정했던 것보다 순조롭게 진행이 되어갔다. 모든 일은 부딪히지도 않고 걱정하기 보다는 필요한 경우에 빨리 결정하여 현실에서 부딪히면서 해결해나가는 것이 최선책이라는 점을 필자는 그때도 느꼈던 것 같다.

성공의 방식을 배우고 훈련하면
성공확률 높아진다

　필자는 성공의 방식을 배우고 연습하면 누구든지 성공할 수 있다고 믿는다. 다만 그 방식을 '남의 방식이고 본인에게 적용될 수 없다'라는 부정적인 생각 때문에 시작부터 할 수 없다고 본다. '의식전환은 머리 속에서 특정 상황들을 해석하는 선입견을 제거하고, 성공의 방식틀에서 미래로부터 출발하여 현재를 계획해 내는 일이다. 이것은 연습을 통해서 새로운 가능성을 돌출해 낼 수 있다.

　우리는 가능성을 생각할 때 동시에 안 되는 이유, 실패에 대한 두려움 등으로, 머리가 복잡해질 때가 많다. 자신의 경험, 남의 시선들, 안 되는 이유와 한계가 많다. 유리컵에 주스가 잔뜩 담겨 있다고 생각을 해보자. 주스가 가득 찬 컵에 어떤 새로운 것을 넣을 수가 있을까? 우리의 뇌도 마찬가지다. 머리 속에 빈틈없이, 해석, 경험, 의미를 담고 있다면, 새로운 생각을 넣을 수가 없다. 가능성을 찾으려면, 해석, 의미부여, 편견, 경험들을 가급적 다 비워야 한다. 이유는 모르지만 안될 것 같은 예감이 들어도 비워야 한다.

필자는 대표로 재직하면서 '의식의 전환'이라는 개념을 감명깊게 체험한 적이 있다. 바슈롬은 159년 역사의 미국에서 가장 오래된 세계 최고의 눈 건강 기업이다. 세계 최초로 콘택트 렌즈를 개발하고 혁신적으로 세척할 수 있는 리뉴 솔루션을 개발한 회사로, 서지컬 사업, 제약사업을 아울러 '눈건강'에 대한 모든 영역을 커버하는 회사다. 우리에게 잘 알려진 레이반Ray-ban 안경 브랜드를 소유한 회사이기도 하다. 바슈롬의 미션은 'Perfecting Vision Enhancing Life', 즉 '완벽한 시야를 통한 삶의 개선'이다. 필자는 2006년 4월 이 회사의 한국법인 대표로 조인했다. 그런데 필자가 입사 첫날에 바슈롬에 최고의 수익을 주는 '리뉴모이스추어락' 콘택트 렌즈 솔루션이 심각한 염증 부작용으로 전세계적으로 리콜을 실행했다.

위기를 돌파하기 위해 바슈롬 글로벌인재그룹 대상,
비전과 글로벌 전략 수립 과제 수행

•
의식전환, 비전 정립하며, 도전하고, 성취한다!

필자는 입사하는 날부터 리콜 사태를 관리해야 했고, 바슈롬 사업의 턴어라운드 전략을 수립해야만 했다. 리뉴의 신제품 리뉴모이스추어락의 리콜 사태로 큰 타격을 받은 글로벌 바슈롬은 고심에 들어갔다. 회사에 조인하고 2년 후, 필자는 글로벌 최고인재그룹 28명 중 한 명으로 새로운 비전과 글로벌 전략을 수립하는 8개월 과정에 참여하게 되었다. 이 과정은 새로 선임된 바슈롬 글로벌 CEO인 피트 발란티Inn Suite Balanti가 글로벌 경영컨설팅 회사인 인시그니암Insigniam에 의뢰해 진행된 과정이었다. 이 8개월은 '비전'과 '의식전환'의 의미를 통찰하고 필자를 변화시킨 소중한 경험이었다. 이 과정의 목표는 매우 명확했다. 8개월안에 바슈롬의 글로벌 사업성과를 도약적으로 끌어올릴 28개의 과제들을 성공적으로 수행하는 것이었다. 경영진은 리뉴 리콜로 크게 타격을 받은 회사를 회생시키면서, 수 년간 경쟁사인 존슨앤존슨 아큐브원데이렌즈로 타격을 받은 콘택트 렌즈 사업도 획기적으로 개선시켜야 하는 큰 도전에 직면해 있었다. 이러한 총체적 난국을 해결하려면, 혁신적이고 과감한 접근이 필요했고 회사는 절박한 상황이었다.

8개월동안 진행된 28개의 과제들은 한 달에 한번 총 8회에 걸친 글로벌 워크샵과 주단위로 1대1 트레이닝과 코칭으로 구성되었다. 당시 코치로 필자를 지원한 필리시티 맥롭Felicity Marrob은 아직까지 필자의 인생 코치이다. 28개의 과제들은 획기적인 성과를 위해 반드시 실행해야 하는 전략적 과제여야 하지만, '8개월 안에는' 기존의 조직문화와 프로세스로는 도저히 달성할 수 없는 과제여야 한다는 기준이 제시되었다.

이 과제들은 (1) 기존의 조직에서 기획 및 실행이 되어야 하고 (인수합병은 제외) (2) 별도의 인원들과 추가 예산 없이 진행하도록 해야 하며, (3) 가장 황당한 조건은 이 과제들로 인해 본인과 조직원들의 삶의 질을 절대 훼손시켜서는 안 된다는 것이다. 다시 말해, 이 과제들로 인해 주말까지 일을 하거나 늦게 퇴근하는 일이 있어서는 안 된다는 것이다. 이 사실을 알게 된 후 필자에게 호기심이 생겼다. 뭔가 큰 비밀이 있어 보였다. 팀원들과 논의한 끝에 '8개월 안에 세계 최초의 혁신적인 원데이 서클렌즈를 한국에 출시하는' 과제를 제안했다. 당시에 바슈롬은 서클렌즈를 출시할 글로벌 R&D에 어떠한 제품 프로토타입도 존재하지 않았다. 미국 FDA 승인을 전제로 글로벌에 확산되는 기존 프로세스를 고려하면 3년 후에나 출시가 가능했다. 불과 8개월 안에 출시를 한다는 것은 불가능한 일로 여겨졌다.

의식변화로 생각의 필터 제거, 8개월만에 원데이서클렌즈 출시

그러나 개인의 '의식변화'가 우리 팀의 의식을 변화시키고, 그것이 전체조직을 변화시켜 놀라운 성과를 낸 것이다. 8번의 워크샵은 28명의 리더들과 함께 진행을 했는데, 바로 이 28명이 글로벌 핵심

인재들이니만큼 서로 설득하고 지원을 받아야 하는 네크워크가 자연스럽게 형성이 되어 결과적으로 함께 의식전환을 하게 되었다.

이 과정을 밟으면서, 조직 구성원들의 '생각의 필터'가 얼마나 심각한지 알게 되었다. 특히 경험이 많을수록 더 의심이 많았다. 그들은 본사가 한국을 절대 지원하지 않을 것이라는 확신에 차 있었다. 한국의 경우 아큐브 원데이로 빠르게 소비자가 이탈한 상황임에도 조직원들은 바슈롬은 절대 원데이로 서클렌즈를 개발하지 않을 것으로 확신했다. 원데이렌즈 수요가 그다지 크지 않은 한국 시장에만 집중되어있고, 게다가 원데이렌즈는 수익이 좋은 세척액사업과 역행하는 사업이었다. 원데이 특성상 세척액을 사용하지 않기 때문에 무엇보다 바슈롬의 미션에 맞지 않는다. 난시, 원시, 근시, 노화를 가진 환자들에게 '선명한' 시야를 주는 것이 회사의 철학인데, '미'와 '편리성'을 앞세운 원데이서클렌즈를 출시하지 않을 것이라고 생각했다. 비록 출시한다 해도 이미 선두업체인 아큐브와 경쟁하기가 힘들 것으로 조직은 확신했다. 하지만 이것은 사실이 아니라 '해석'이 가득한 내용들이다.

먼저 우리는 조직 안에 존재하는 생각의 필터, 해석들을 모두 모으기 시작했다. 바슈롬에서 원데이서클렌즈 관련하여 존재하는 사람들의 해석이 무려 100가지가 넘었다. 예를 들어 한국 직원들은 미국 FDA 승인이 없어 바슈롬 코리아가 단독으로 출시할 수 없다고 생각하고 있었는데, 이것도 '해석'이었다. 미국 FDA 승인이 없어도 필요한 임상자료들을 제시하면 국내 출시가 가능했고, 이것은 오랫동안 지켜온 내부의 허가 프로세스였을 뿐이지, 한국 FDA의 허가를 받는 규제는 아니었다.

미래 환경을 상상,
관점 전환하여 미래 모습에서 현재의 사업 조명

우리 팀은 조직에 회자되는 모든 오해와 해석들을 리스트로 만들어 내었다. 엄청난 속도로 이 리스트를 만들었는데, 스피드를 보면 수 년간 조직에 얼마나 해석과 오해들이 많았는지 알 수 있었다. 이러한 과정을 통해 우리는 '할 수 있을까'를 '할 수 있다'로 의식을 전환시켰다.

이 방법을 마케팅에서 '멀린의 접근'이라고 한다. 즉, 미래의 환경을 상상하고, 그 미래의 모습에서 현재의 나와 사업을 바라보는 '관점'을 전환하는 것이다. 멀린이 미래와 현재를 오가면서, 아서왕을 위험에서 구해주고 바른 선택을 도와주었듯이, 관점의 시작을 과거부터 현재로 하는 것이 아니라 미래부터 시작을 하게 되면, 나와 내 사업을 바라보는 관점이 달라진다.

바슈롬 원데이서클 렌즈를 8개월 후에 출시하겠다는 미래의 비전을 세우고 거꾸로 현재까지 거슬러 내려가면, 매월 어떤 일이 일어나야 한다는 것이 정리가 된다. 8개월 후의 경제.사회, 업계의 환경을 상상하고, 그때의 소비자들에게 맞는 제품을 출시하는 것이다. 이를 위해 7개월 후에는 제품개발과 허가를 끝내고, 인플루언서 마케팅을 시작해야 하고, 6개월 후에는 등록 임상을 마쳐야 한다. 그리고 3개월 후에는 컨셉과 프로토타입 제품이 완결되어야 한다. 그러기 위해서 1개월 안에 소비자 조사와 기획을 모두 마치고 글로벌 CEO에게 승인을 획득해야 한다.

글로벌 R&D에게는 소비자 조사 결과와 함께 프로토타입을 공유해서 메디컬 기기 승인 자료를 한국과 미국 허가 등록을 위해 동시에 준비하도록 해야 한다는 로드맵을 팀원들과 만들었다. 물론 이 과정에서 올 수 있는 모든 실패도 미리 예측하는 팀도 운영했다. 이들은 실패가 되었을 때 취할 수 있는 대비책을 만드는 일을 담당하도록 했다. 모든 단계에서 우리는 어떠한 해석도 배제하고 책임자를 선정하고 바슈롬 내의 네트워크를 지원해 주었다. 이 때 필자는 단계별로 보고를 받으며 프로젝트 리더들과 직원들을 격려하고 가능성에 집중하고 지원을 해준 것 밖에는 없었다. 다만 이 때 마인드해야 할 사실은 두려움을 갖지 말고, 오로지 팩트를 이해하고 그것에 맞는 솔루션을 찾는데 집중하는 것이다.

제 5 장

핵심인재 개발정책이
최고의 인사정책이다

인재개발 정책이
인사정책이 되어야 한다

    기업의 핵심자산은 주가도 아니고, 자본 규모도 아니고, 대표의 경력도 아니고, 바로 자사의 인력이다. 그렇다면 기업의 핵심자산을 성공적으로 관리하는 방법은 무엇일까?

    기업마다 운용하는 인사정책을 인재개발 정책으로 만드는 것이다. 인재가 자산이 되려면 능력과 자질을 보유해야 한다. 그렇다면 기업에서 일하는 인재가 기업 운영에 필요한 능력을 보유하기 위해서는 각자 능력을 어떻게 개발해야 할까? 기업의 업무를 수행하는 데 필요한 능력 중 성공을 보장해주는 능력들은 어떤 것들일까? 우리 모두 각자의 능력을 제대로 인정받고 있는지, 혹은 인정을 받기 위해 어떤 능력들을 개발해야 할지를 생각해보자.

필자의 경험으로 판단하건대, 글로벌 기업에 비해 한국의 국내 기업들은 아직도 개인의 능력과 성과보다는 전체적으로 팀의 화합을 이끄는 성향들을 선호하는 것 같다.

직원 개인들의 다양한 목소리와 의견을 통한 결론보다는 위에서 내린 결론을 잘 실행하는 방식에 아직 익숙하다. 그렇기 때문에 인사정책도 상당히 획일적으로 진행된다. 필자는 한국 기업에서 이러한 인재개발 문화가 하루 아침에 바뀌기는 어렵다고 본다.

한국의 기업들은 약속이나 한 것처럼, 매년 11월 말부터는 대대적인 인사 조치를 하고 사내 외에 발표한다. 임원의 경우 1년 단위 계약을 하기 때문에 승진이나 영전을 하기도 하고, 혹은 회사를 떠나기도 한다. 이 같은 조치는 인사정책을 인재개발 프로세스로 움직이는 외국계 글로벌 기업과는 차이가 있다. 이 점이 바로 한국 기업과 글로벌 기업의 인사정책의 차이다. 인재개발을 영어로 Talent Management라고 하는데, 글로벌 기업은 기본적으로 직원들을 인재 Talent로 규정한다. 그리고 인사정책의 핵심은 '직원들의 재능을 어떻게 개발시킬까' 하는 것이다.

인재관리, 직원의 성장목표와 발전계획에 집중하고, 정당한 평가 보상 이뤄져야

인재관리Talent management는 단순히 평가와 보상에 그치는 것이 아니라, 개발과 트레이닝의 요소가 대부분을 차지한다. 직원 한 사람 한 사람의 성장 목표를 기술하고 개발계획을 구체적이고 상세하게 만든다. 경영진의 인사 논의는 대부분 성장목표와 그 발전 과정에 집중된다. 성장 목표는 고위직인 경우는 대표이사보다 본사의 그룹 사장이나 아시아 사장들이 직접 관리를 하기도 한다. 이때 평가를 잘 받는 것보다 더 중요한 것은 '얼마만큼 개인적인 성장을 이루어 내는가' 하는 것이다.

평가와 보상에 있어서도 외국계와 국내 기업들이 원칙적으로 차이가 있다. 짧은 기간 필자가 국내 기업에서 경험한 바로 보면, 아무리 개인이 탁월한 리더십을 발휘하여 좋은 성과를 낼 경우에도 팀이나 회사가 성과를 내지 못하면, 평가를 제대로 받지 못한다. 평가는 엄청나게 치밀하게 하는 듯하지만, 결과는 팀 전체의 동기부여를 위해 정확하지 않게 조정될 때가 많다. 특정인이 아무리 잘해도 그가 속한 부서가 성과를 내지 못하면, 팀과 같이 하향 평준화 되는 일도 많다.

성과를 잘 내고 일 잘하는 직원은 일을 잘하기 때문에 업무의 양은 언제나 많다. 그러나 받는 평가와 보수가 일 안하고 성과 없는 직원에 비해 크게 나을 것도 없기 때문에 굳이 목숨 걸고 열심히 일할 이유가 없다는 불만이 있는 것도 사실이다. 다수의 국내 회사들은 아직까지 성과에 따른 연봉제도보다는 입사 연차에 따른 급여 인상이 더 쉽게 받아들여지고 있다. 이 같은 결과는 성과 평가에 대해 객관적인 신뢰가 정확하지 못했기 때문이 아닐까? 성과를 낸 사람을 최대한 공정하게 평가하고 그에 따른 보상이 주어지도록 CEO가 위험을 감수하는 부분도 더 필요할 것 같다. 여성, 남성을 논의하기 전에 먼저 시정되어야 할 것은 인재개발에 대한 경영진의 확고한 의식 전환이다.

글로벌 기업들의 경우 인재개발은 CEO 평가에도 매우 중요하게 미치는 평가항목이다. 그리고 1년 내내 전사적으로 인재 개발과 관리에 집중한다. 인재 개발은 직원의 성과Performance와 직원의 미래 가능성Potential을 별개로 구분해서 관리한다. 실적과 평가는 말 그대로, 직원의 성과를 객관적으로 평가하고 이에 근거하여 월급과 인센티브를 제공한다. 직원의 가능성은 그 직원의 성장 가능성을 체계적으로 분류하여, 직원의 역량개발, 커리어 개발계획을 수시로 점검하고 논의한다.

칼 럼 2

직원의 평가방법과 성과보상 및 성장가능성 평가

여기서 구체적으로 해외 글로벌 기업의 업적중심의 평가방법과 평가등급에 대해 알아보자. 외국계 글로벌 기업은 대개 업무 평가 시 성과와 업적 중심의 평가로 이루어진다. 업적 평가는 레벨에 따라, 부서에 따라 차이는 있지만, 개인의 양적, 질적 업적과 리더쉽 평가를 통해 결과와 리더십 행동들을 상세하게 평가한다.

평가등급은 일반적으로 4개의 등급으로 나눈다. 매니저가 등급을 정한 다음 중요하게 고려하는 것이 조정Calibration 프로세스다. 대표와 임원이 함께 모여, 하루 종일 직원의 업적을 공유하며 조정을

의식전환, 비전 정립하며, 도전하고, 성취한다!

한다. 이 과정을 통해, 내 팀뿐만이 아니라, 다른 팀 직원들의 성과를 명확히 이해하도록 한다. 물론 최종 등급이 중요하지만, 직원들의 업적과 리더십 평가에 대한 증거를 공유하고 협의하는 과정에 큰 무게를 둔다.

각 팀에서 평가를 높이 받는 직원 서로 비교,
객관적인 평가를 통해 인센티브 측정

하나의 팀에서 높은 평가를 받은 직원들과 다른 팀에서 높은 평가를 받은 직원들을 서로 비교함으로써, 회사 내의 다양한 부서를 아우르는, 보다 객관적인 평가를 가능하게 하는 프로세스이다 .이 평가는 보수를 책정하는 기준이 되며, 평가에 따라 보수의 차이를 가급적 크게 하려고 한다. 그리고 해가 거듭될수록 성과급이 누적되면 그 차이는 점점 커지게 되는 것이다. 피앤지 경우는 직원의 보수를 책정하는 권한을 상급자에게 주도록 하여, 평가에 따라 향후 받을 보수의 시뮬레이션Simulation까지 공유한다. 영업 직원이 아닌 내부 근무자들도 평가에 따라 보수의 차이를 크게 두어 좀더 좋은 평가를 받도록 독려한다.

개인의 성장가능성에 대한 평가 기준과 평가 방법

이러한 과정을 통해 글로벌 기업이 인사정책에서 목표로 하는 것은 각 개인의 성장 가능성을 평가하는 것이다. 대개 기업에서는 직원의 가능성을 9개 박스로 분류한다. X측은 성과, Y측은 성장가능성을 본다. 예를 들어, 성과도 탁월하고 성장가능성도 높은 직원은 스타그룹, 성과도 나쁘고 가능성도 없는 직원들은 잘못된 선택 및 잘못 뽑은 등으로 전직원을 분류해서 매년 업데이트하고 행동들을 점검받고 관리한다. 스타STAR나 높은 성취자High Performer, 높은 잠재성취자High Potential 등은 특별대상으로 CEO가 직접 관리한다.

이제 성장가능성 평가 기준을 살펴보자. 평가기준은 회사가 정해주는 리더십과 역량 모델에 근거하여 측정한다. 그렇기 때문에 장기적으로 관리한다. 성과는 최근 3-5개년의 성과를 참고하는데, 매년 상위평가를 받을 필요는 없다. 정해놓은 사람에게 매년 최상위 고과를 인위적으로 만들어주며, 다른 직원들에게는 상위평가를 받을 기회조차 주지 못하는 등의 피해를 막기 위해서이다. 물론 미래에 이 직원이 얼마나 성장할 것인가를 예측하는 것은 정확하지 않을 수 있다. 그러나 서양이나 동양이나 동일하게 가지는 기본개념은 '사람을 보는 눈은 비슷하다'라는 점이다. 즉, 어떤 직원이 지금 배우는 중이지만 장차 임원감으로 성장할 가능성이 있는지, 현재는 결과를 잘 내지만 미래에 더 큰 임원 및 고위직으로 성장해서 회사를 이끌어갈 리더가 될 가능성은 없는 사람인지는 신기하게도 공통적으로 판단 이 나온다. 가능성은 매년 업적평가 시점에 하게 되는데, 매년 인위 적으로 동일할 필요는 없지만, 한 해에 너무 많이 높아지거나 낮아 졌다면 주의 깊게 원인을 살펴보기도 한다.

개인별 커리어 발전계획 수립 위해, 개발해야 할 역량 합의

필자가 재직했던 모든 글로벌 기업에서는 인재개발 정책에서 개 인의 니즈와 열정을 주목하고 비전을 심어주는 것과 동시에 개인별 커리어발전 계획수립도 지원했다. 이 때 리더와 함께 성장계획을 세 우고 성취하는 과정을 파악하면서 성과도 측정한다.

이중 개인별 성장Development계획을 수립하기 위해 각 개인은 본 인이 반드시 개발해야 할 역량들을 합의한다. 이 때 회사가 제공하 는 개발 프로그램인 내외부 교육 프로그램과 온더잡 교육을 상사와 합의한다. 매년 각자의 현재 업무에 필요하거나 미래의 가능성을 달 성하기 위해 필요한 역량, 지식, 기술, 리더십 개발 니즈 등의 소프 트 기술과 업무경험을 높이기 위해 필요한 부분을 계획한다.

이 때 개인별 커리어 플랜도 수립하게 되는데, 필자가 일했던 글로벌 기업들 중 피앤지와 바슈롬은 향후 3년의 커리어 플랜을 가지고 있고, 6개월마다 업데이트를 한다.

한국 기업도 자유롭게 부서를 옮기는 환경이 되어가고 있지만, 한 가지 차이가 있다면 장기적인 계획에 의해 상사와 함께 준비를 하는 것은 아니다라는 점이다. 예를 들어 현재 화장품 회사의 마케팅 팀장이라고 하고 6년내에 마케팅 임원을 목표로 한다면 향후 3년의 커리어 플랜에는 다양한 마케팅업무, 예를 들어 온라인 마케팅, 제품개발, 해외 파견을 통한 마케팅 등의 플랜을 함께 준비한다. 그렇기 때문에 본인이 무엇을 원하는지 모른다해도, 상사와 커리어에 대한 협의를 하도록 기회를 만드는 것이기 때문에 매우 중요한 프로세스이다. 성과가 좋지 않은 직원일 경우에 특히 이 세션은 중요하다. 투명하고 솔직하게 현재 커리어가 본인에게 맞는지에 대해 논의할 수 있고 새로운 제안을 할 수 있는 기회가 되기 때문이다.

마지막으로 승계계획 수립, 그에 부합하는 인재개발 진행

마지막으로 개인의 성장가능성을 준비하고 평가하는데 중요한 과정은 승계계획을 세워서 진행하는 것이다. 다논 등의 글로벌 기업에서는 회사차원에서 주요한 포지션에 대한 승계계획을 세우고 그에 맞게 인재개발을 진행한다. 3-5년 비즈니스 계획을 세우면, 그에 따른 조직구성도 예측하는 한편 조직에 새롭게 필요한 부분이나 인재상을 계획한다. 또한 미래에 중요한 직위나 고위 직위를 파악하고, 어느 인재가 장단기적으로 수행할 수 있을까를 매년 계획을 세워 보는 것이다. 현재의 담당자가 이동했을 경우 후임자를 미리 전략적으로 계획해보는 의미이다. 내부 인재가 특정한 직위를 수행할 가능성이 있다고 판단될 경우, 다음 레벨로 이동하기 위해 필요한 경험, 리더십, 그리고 역량을 보완하도록 올해의 계획을 세워서 인재개발과정에 반영하여 실행한다. 이러한 제도들이 성공적으로 운영되기 위해서는 이 제도를 운영하는 임원진과 제도의 공정성에 대한 신뢰, 그리고 이러한 제도를 통해 탄생한 리더들이 이 제도를 통해 역량을 개발해나가는 과정과 시간이 필요하다. 글로벌 기업들은 이러한 제도를 이미 30년 이상 운영해왔다. 한국 기업들도 인재개발 제도를 장기적인 안목으로 인내심을 가지고 추진해나갈 필요가 있다.

합리적 성과측정과 커리어 개발이
인재개발의 핵심툴

  한국 상장기업의 여성 임원들의 비율은 10% 미만이다. 오너 경영 감시와 견제자 역할을 하는 이사회의 여성 비율은 5%이다. 그런데 이중에 대부분은 기업 오너와 연결된 가족들이다. 그리고 최근 대기업과 중소기업의 오너 경영자들의 자녀들 중 기업의 최고책임자의 자리에 승진하는 코스를 밟고 있기 때문에 머지 않은 장래에 한국의 글로벌 기업 중 여성 최고경영자를 볼 수 있을 것이다. 이러한 예측을 입증하듯 2022년 연말에 한국의 대표적인 대기업인 삼성, LG, SK 등의 계열사에서 여성 임원이 CEO로 승진하였다. 그 동안 상무 혹은 부사장 정도가 최고 직위였던 전례에 비하면, 여성 임원의

CEO 등용은 한국 대기업의 여성 인력에 대해 혁신적인 평가사례이며, 향후 능력에 따른 여성 임원들의 등용이 확대될 것이라 전망된다.

한국 대기업의 50, 40대 최고경영자, 여성 인재에 대한 큰 기대 가져

그러나 한 두 명의 여성 임원의 CEO 임용으로는 여성 인력의 등용과 평가에 대해 긍정적으로 평가하기에는 아직 부족하다. 현재까지는 아직도 한국의 경우 여성 임원의 비율은 지극히 저조하기 때문에 인재등용 차원에서 여성 인력의 커리어개발과 정확한 성과평가를 통한 승진이 진행되어야 한다. 그럼에도 불구하고 매우 희망적인 사실은 한국의 글로벌 대기업인 현대, 삼성, LG, SK, 롯데, 한화 등의 최고경영자가 70대, 80대에서 50대, 40대로 교체된 만큼 양성평등사회에서 교육받은 최고경영자들의 여성인력에 대한 기대가 크다. 그들이 성장하면서 함께 지낸 여성인 누이, 동생, 아내, 친구 등이 그들만큼 똑똑하고 유능한 점을 목격하고 실적으로도 평가받았기 때문이다. 그런 만큼 기업에서 더 이상 과거처럼 일방적인 남성 우위의 관념에 사로잡혀 인재 등용과 승진에서 여성을 배제하지 않을 것이기 때문이다. 그러한 현실의 희망적 결과가 2022-2023년 시즌의 인사에서 여실히 드러났다. 그래서 대한민국의 여성 커리어들은 교육과정의 양성평등이 기업의 인재등용과 인사에서도 실현될 것이라는 강한 기대감을 가지고 각자의 업무와 소임에 충실하게 임하며 성과를 내려고 노력할 것이다.

여성 임원 비율 10% 미만의 한국 사회,
향후 어떻게 변화시킬 것인가

　물론 OECD 국가에서 여성 이사 비율을 보면, 일본과 한국은 꼴찌 수준이었다. 그러나 최근 일본 기업에 여성 임원 참여가 늘어나면서, 한국은 지금까지는 확실히 독보적인 꼴찌가 되었다. 물론 최근 한국 기업의 이사회에서 여성 임원의 비율을 획기적으로 끌어 올리는 조처들이 있기는 하다. 필자가 활동하는 세계여성이사협회가 주도하여 관련법이 개정되어, 상장 기업의 이사들 중 여성 이사가 최소 한명은 된다. 물론 한국 사회에서 여성의 사회 진출이 계속 증가하고, 조직에서 중요한 직책을 맡는 비율도 증가하기 때문에 향후 이 비율은 계속 증가할 것으로 기대된다. 그러나 현재 시점에서 필자가 경험해온 한국의 사회적 환경과 기존의 남성 위주의 기업문화를 쇄신하지 않는 한 짧은 시간 내에 이 비율이 선진국 수준으로 증가하기는 힘들 것이다.

여성커리어 70%가 자녀 양육 거부하는 현실의 문제,
국정 과제로 해결해야

  다행스럽게도 필자는 직급이나 승진에서 남성과 여성의 차별이 비교적 없는 글로벌 기업에서 업무적 성과에 따라 승진하면서 전문 경영인의 최고 자리인 대표가 되었다. 그러나 한국에서 일하고 살면서 21세기 초반에도 한국 기업에서 남성과 여성의 직급별 격심한 차이를 목격하고 있다. 그 차이를 심정적으로든, 논리적으로든 이해를 할 수 없다. 그 의미를 파악하는 동시에 그로 인한 사이드 이펙트가 크다는 점을 이 책에서 지적하려고 한다. 21세기 초반 한국에서 대학을 졸업하는 여성들의 99%는 사회적 커리어를 갖는 것을 필수로 생각한다. 반면에 커리어를 갖고자 하는 여성들 중 반드시 결혼하여 가정을 이루고 아이를 출산하여 양육하고 싶다는 사람은 70% 미만이다.

  이러한 비율이 의미하는 바는 두 가지다. 첫 째는 한국 사회에서 여성이 일하면서 육아와 가정 생활을 병립하는 것이 힘들다는 점이다. 두 번째는 여성의 70%가 가정을 이루고도 자녀 양육을 포기한다면 한국 사회는 2060년에는 인구가 4360만명으로 감소한다는 점이다. 인구가 감소하면 경제적 성장동력도 감소하고 국가 발전에 치명적 요소로 작용한다. 인구절벽은 사회적으로나, 경제적으로나 긴급하게 해결되어야 할 사회적 과제이자, 국정과제가 되어야 한다.

여성의 역할에 대한 인식변화 기반으로
국가와 기업 인재등용 방식과 시스템 변화해야

그렇다면 다른 시각에서 한국 사회에서 여성 커리어의 성장에 장애가 되는 원인이 무엇인지 한번 살펴보자. 무엇보다 가정 일은 여성의 책임으로 치부되고, 상대적으로 남성의 역할은 사회적 활동으로 국한하고 있다는 점이다. 맞벌이 부부로 생활하는 경우에도, 한국에서 아직도 가정의 일은 여성의 임무고 남성의 일이 아니다. 이 점에서 여성은 일과 가정생활의 업무를 모두 거뜬히 해내야 하는 슈퍼우먼이 되기를 강요받고 있다. 그러나 고등교육을 받고 자아실현을 인생의 목표로 둔 MZ세대는 남성과 여성의 2분법적 역할에 대해 인정하지도, 수용하지도 않는다. 그럼에도 불구하고 가정에서 여성의 역할에 대해 시부모들이나 사회적 인식에는 별로 변화가 없기 때문에, 여성들은 여전히 가정 생활과 자아실현의 두 가치를 추구해야 할 때 현실적으로 병행하기보다 하나를 선택해야 하는 것이다.

왜 이런 이분법적 선택을 해야 하는 사회가 된 것일까? 21세기 초반 한국 사회의 소비 행태와 마케팅전략 개발을 위해서 사회의 주류로 등장한 MZ세대의 라이프스타일을 연구하기까지 한다. 그러면서도 정작 여성과 남성의 가정에서의 역할에 대한 사회적 인식과 현실은 왜 40년 전과 다름이 없는 것인가? 차제에 필자는 기업에 촉구하고 싶다. 기업의 소비자인 여성커리어를 위해 한국 기업에서 직원들이 자녀를 마음 놓고 맡길 수 있는 유아원과 유치원을 운영하기를 촉구한다. 그렇게 된다면 유아원 및 유치원 운영은 동일 지역에 있는 기업들의 직원복지는 물론 한국 사회의 경제적 동력 확보 차원에서 일거양득이 되는 일이 될 것이다. 이 일에 지역 내 주민센터의 지원과 중앙정부 차원의 각종 세제 혜택도 제공될 수 있다고 생각한다.

여성커리어가 부담해야 하는 일과 가정에서의 역할 지원하는 사회시스템 구축해야

어차피 한 가정 한 자녀 혹은 무 자녀가 대세인 오늘날의 한국의 가정형태에서 여성의 고학력과 사회진출은 필수사항이다. 그렇다면 인구감소를 해결하는 방안과 여성의 두 가지 역할을 지원하는 사회시스템 구축, 여성의 사회진출과 조직에서의 역할 증가, 기업의 인력개발 및 여성인력의 능력인정과 승진 등과 같은 이슈들은 하루빨리 기업과 공공기관에서 선결되어야 할 과제이다.

특히 기업과 공공기관에서 주요한 임무를 담당하고 있는 여성들이 중간관리자로 성장한다면, 그들이 향후 조직의 최고책임자로 성장할 것이다. 그렇게 되면 여성들이 가진 업무 노하우와 마인드를 조직의 시스템으로 발전시키는 가운데 지속가능성장의 시대를 열어가도록 한다면, 이는 분명 기업과 조직의 성장으로 귀결될 수 있을 것이다. 절반의 성인 여성의 능력과 열정에 상응하는 대우를 하지 않고 사장시켜 버린다면 이는 조직의 성장을 저해하는 요인이 되는 가 하면, 전체 사회와 국가로 보았을 때 엄청난 인력의 손실이다. 또한 여성의 능력을 최대로 활용하는 선진국과 비교할 때 국가적으로 최고의 성장장애 요인이 되며, 국가 인력의 방치 사례로 기록될 것이다.

칼 럼 4

여성적 리더십으로 조직통합하고
업무적 성과로 여성 임원 평가해야

필자는 치밀하고 꼼꼼하게 개인별 성장 계획과 커리어 플랜을 대표이사가 직접 챙긴다면, 여성남성의 문제를 떠나 회사의 비전과 직원의 비전을 함께 가져갈 수 있고, 더욱 열정적으로 일할 수 있는 환경이 조성된다고 믿는다. 필자도 회사가 이렇게 나의 경력을 관리해주지 않았다면, 끝없이 미래에 대한 고민을 했을 것이라고 생각한다.

여성 임원 3명 이상일 때,
성과와 자질 기반 성과자로 인식하고 업무성과 평가

또한 CEO가 해줘야 할 것은 여성 임원이 30% 이상이 될 때까지, 회사에서 목표를 가지고 이끌어 주어야 한다는 점이다. 여성 임원이 30% 미만일 때와 30% 이상일 때, 소수집단에 대한 선입견이 크게 줄어들기 때문이다. 10명의 임원 중 여성 임원이 1명일 경우는 일반적으로 여성은 상징적인 역할, 마스코트 이미지에서 벗어나기가 어렵다. 여성이 소수일 때는 그 사람의 성과나 자질보다는 여성이라는 점에 더 의미를 부여하기 때문이다. 이 때 여성 임원의 성과보다는, 업무스타일, 행동 등이 집중 조명을 받게 되고, 관심의 대상이 되기도 한다.

그러나 여성 임원 숫자가 1명(10%)이 2명(20%)이 되고, 3명(30%)이 되기 시작하면 분위기와 상황이 바뀐다. 상징적인 역할에서 다른 임원들과 마찬가지로 '성과자Performer'로 인식이 바뀌게된다. 30% 이상이 넘어가면, 더 이상 상징적인 역할이 아니라, 당당한 성과자로 인식이 되기 시작한다. 여성 임원의 숫자가 많아질수록 결국 이슈는 젠더가 아니라, 개개인의 성향이 다를 뿐이라는 것을 알게 되기 때문이다. 그렇기 때문에 선입견을 없애는 가장 빠른 방법은 여성 임원의 숫자를 최소한 각자의 목소리를 내고 자신감을 가질 수 있는 비율로 만드는 것이다.

의식전환, 비전 정립하며, 도전하고, 성취한다!

여성 리더들의 각기 다른 스타일과 리더십 인정하고 수용해야

특히 여성 리더를 개발할 때, 여성 리더들의 각기 다른 스타일을 인정하고 포용하는 문화를 CEO가 만들어 주어야 다양한 리더십이 자리잡을 수 있다. 코칭경영원Business coaching mastery의 조사에 따르면, 여성 리더들의 장점은 일반적으로 공감능력, 도덕성, 성실성, 통합적 사고, 심미적 관심, 민주적 사고방식 등이라고 한다. 이에 비해 남성 리더들의 특성은 리스크 테이킹, 전략적이고 숫자중심적 사고, 개인보다는 조직을 위한 통합적 사고력 등 여성 리더에게 부족한 점들이 우세하다. 그런 이유 때문인지 한국 사회에서 대기업이나 공공기관에서 남성 리더들이 최고경영자로 발탁되는 경우가 다반사다.

그렇다고 여성 리더들이 가진 여성적인 리더십이 조직 관리에서 필요가 없는 것은 아니다. 오히려 조직통합 측면에서 더 중요한 요소이기도 하다. 어느 측면에서는 크고 다양한 조직에서는 여성 리더들이 가진 리더십이 더 중요하게 작용할 수 있다. 다만 한국의 조직에서 내부 통합과 같은 정성적인 목표보다는 숫자로 나타낼 수 있는 정량적인 목표에 더 집중하기 때문에 이 같은 결과가 나타난다고 할 수 있다.

이런 점 때문에 간혹 조직에서 승진의 기회를 잡기 위해 일부 여성 리더들이 남성적 리더십을 가지려고 노력하면서 흉내를 내는 경우도 더러 있다. 만일 여성 리더가 승진을 위해 남성적 리더십을 흉내를 내고 이런 여성 리더만 인정한다면, 성 비율에서 나오는 다양성의 혜택을 충분히 누리지 못하는 것과 같다. 필자의 경우 글로벌 기업이나 한국 기업에서 대표로 재직하면서 필자 자신이 가진 특성을 기반으로 조직을 운영했다. 그 상황에서 충분히 여성성이 우세한 리더십을 발휘하며 조직 성장과 통합에 기여했다고 생각한다.

**최고경영자가 목표 의식을 가지고
여성적 리더십이 조직문화로 인정받도록 지원해야**

남성적인 조직문화가 우세한 한국의 조직에서 여성 리더가 조직에서 제 목소리를 내는 한편 여성적 리더십이 조직문화에서 하나의 문화로 인정받을 때까지는 조직의 최고경영자가 목표의식과 의지를 가지고 지원하는 것이 필요하다. 이 경우 여성 임원이 변화에 필요한 크리티컬 매스Critical Mass를 이루어 조직구성원의 30%를 구성하는 한편 여성적 리더십이 조직문화로 정착하도록 최고경영자가 지원하며, 인사 시스템과 조직운영 전략에 여성 임원의 역할과 특성이 반영되어야 한다. 글로벌 기업의 경우 2000년대 이후 많은 여성 CEO가 선정되어 글로벌 선도기업의 위치를 점유하며 성장의 역사를 써간 경우를 좋은 사례로 들 수 있다.

국내외 사업 협력과 M&A조직 통합 위해
섬세한 여성적 리더십 필요

특히 2020년대에 들어 한국 기업의 경우 4차 산업 혁명기의 융복합 비즈니스 인프라 구축을 위해 국내외 기업과 합작투자를 하며 협력하는 한편 M&A를 통해 국내외로 비즈니스 규모를 확장하고 있다. 이러한 상황에서는 협력과 M&A를 통한 기업 통합과 사업이 성과를 내기 위해서는 국내외 기업에서 다양한 경험을 쌓은 여성 리더들을 기용하는 것이 필요하다고 생각한다. 여성 리더들의 섬세한 감성과 공감능력, 그리고 목표에 부합하는 업무 태도와 도덕성 등을 기반으로 통합조직을 효율적으로 운영하는데 필요한 리더십을 십분 발휘하여 중요한 성과를 낼 수 있을 것으로 판단한다.

에필로그

지금까지의 내 삶을 반추하며
미래의 길을 밝히는 시간

에필로그

지금까지의 내 삶을 반추하며
미래의 길을 밝히는 시간

대학 졸업 후 35년의 사회생활을 정리한 책을 쓰면서 새로운 각
도에서 내 인생을 들여다보는 시간을 가졌다. 그 시간은 휴식과 관
조의 기회였으며 내 인생과 자신을 들여다보고 스스로의 삶의 의미
를 생각해보는 소중한 기회였다. 책을 쓴다는 일이 단순히 책을 만
들어내는 일을 넘어서 지금까지 돌아보지 못한 삶의 길을 반추하고
반성하는 가운데, 남아있는 미래의 길을 밝혀가는 계기가 된다는 점
도 알게 되었다. 귀한 시간들이었다.

의식전환, 비전 정립하며, 도전하고, 성취한다!

아들과의 약속을 지키는 여행길에서
내 삶의 길을 반추하며

2023년 5월 25일, 나는 지금 여행 중이다. 막내 아들 수영이의 고등학교 졸업식을 마치고, 수 년 만에 남편과 수영이와 함께 프랑스의 정서가 물씬 풍기는 캐나다 퀘벡Quebec 여행을 하고 있다. 큰 아이와 둘째는 본인들도 졸업한 고등학교를 마지막으로 막내인 수영이가 졸업하는데도, 직장일로 시간을 뺄 수가 없어서 수영이의 졸업식과 가족여행에 조인하지 못했다. 하지만, 수 년 전 이번처럼 수영이와 남편과 함께 떠났던 유럽여행 당시 필자는 8살이던 막내 아들 수영이와 약속했다.

'앞으로 10년 후, 네가 18세가 되는 고등학교 졸업여행 때 엄마와 다시 여행을 하자!'

그래서 이번 여행에는 특히 남편과 막내와 추억을 많이 쌓으려고 한다.

위의 두 아이들의 경우를 돌이켜보면서, 고등학교를 졸업하면 아이들이 부모 곁을 떠나는 것 같아 이 시간을 조금이라도 오래 붙잡고 싶은 생각이 들었다. 수영이는 미국 텍사스의 라이스RICE 대학의 프리메드Pre-med 프로그램으로 진학하게 되었다. 수영이가 태어났을 때 필자는 이미 글로벌 기업의 임원이었고, 아이가 3살 때 기업 대표가 되었기 때문에 바쁜 일정을 소화하느라 아이 양육에 많이 신경을 쓰지 못했다. 그런데도 수영이는 스스로 알아서 자신의 미래를 개척하고 이제 자신의 꿈을 향해 나아가고 있기 때문에 필자는 그런 아들의 모습이 대견스럽다.

수영이가 9학년으로 스토니 브룩 스쿨에 입학한 직후였던 걸로 기억한다. 어느 분의 추천을 받아, 수영이가 카운슬링을 받은 적이 있었다. 학생의 미래의 꿈을 구체적으로 결정하는 카운셀링이었다. 3개월동안 5회에 걸쳐 인터뷰와 서베이를 통해 꽤 강도 높게 진행이 되었던 것으로 기억한다. 수영이의 성향을 다각도로 파악하는 인성과 성향 서베이, 부모 서베이와 심층 인터뷰를 통해 수영이의 꿈을 구체화시키는 과정이었다. 당시 필자는 '너무 어린 나이에 이런 걸 하는 게 맞는지' 하는 의구심이 생기면서 약간 우려가 되기도 했다. 당시 카운셀링을 맡으셨던 분이 전직 MS의 임원 출신이었다. 나의 의구심에 대해 그는 말했다.

'비전을 만들고 업데이트하고 계획을 수정하고 관리하는 습관은 오히려 수영이 나이부터 시작해야 합니다.'

당시 필자도 카운셀러 선생님의 의견에 적극 공감했다. 당시 수영이의 꿈으로 최종 합의하고 결정된 것이 '소아정신과 의사' 였다. 어릴 때부터 친구관계를 소중히 했던 수영이는 어린 아이들을 좋아했다. 다소 내성적인 성격의 수영이는 따뜻함과 배려심이 많았기 때문에 필자는 수영이에게 봉사활동을 많이 하는 직업이 어울린다는 생각을 하기도 했다.

그렇게 인생의 목표로 정하고 나니, 수영이의 학업과 커뮤니티 활동은 모두 그 목표에 맞춰 진행하게 되었다. 목표의식을 가지고 학교생활을 하면서 남은 수학기간도 아무 갈등 없이 수월하게 지나갔다. 물론 대학 진학 후 어려움이 닥치고 또 여러 사람들과 어울려 생활하며 새로운 환경을 접하다 보면, 본인이 잘하는 것, 원하는 것이 달라질 수 있다고 생각한다. 그러나 본인의 비전을 세우고, 의식을 전환하고, 사실과 선입견을 구분하고, 걱정과 두려움을 분리하고, 지지자들을 주변에 만드는 과정만 이해한다면 전혀 걱정이 없을 것 같다. 이러한 과정 자체가 문제를 해결하며 마음을 편하게 해주는 스텝이기 때문이다. 설령 수영이가 소아과 의사가 되지 않더라도, 따뜻하고 남을 배려하는 아이의 성향에 부합하는 일이라면 어떤 결정을 하던 나는 무조건 응원할 것이다.

수영이의 두 형들도 스스로 각자의 꿈을 찾아 학업을 마치고 사회로 진출했다. 세 아이의 경우를 반추해 보건데, 아이들 각자 스스로의 재능을 발견하고 미래의 꿈을 키우며 학업을 하도록 하는 것이 미국 교육의 가장 큰 장점이라는 생각이 든다. 자유로운 환경에서 자신을 꿈을 찾는 과정과 미래를 개척하는 방법을 가급적 빨리 익힐 수 있다면 그보다 더 좋은 것은 없다는 생각이 든다.

수영이와 같은 나이의 MZ세대는 많은 정보 속에서 본인의 정체
성을 빨리 찾으려는 열망들이 강하다. 이즈음의 MBTI에 대해 폭팔
적인 열광이 그 점을 반증한다.

누구나 가슴 속에 열정과 인생에 대한 기대가 있는 만큼
꿈을 찾아 키워가야 하리!

사실 필자가 어렸을 때에는 처음부터 30년 후의 모습을 명확히
그리며 도전할 수 있는 여건이 아니었다. 심지어 아직도 대부분의
사람들이 각자의 꿈을 찾는 것이 어색하고 어려운 과정이다. '나를'
중심으로 가족을, 주변을 변화시킨다는 것이 문화적으로 어려운 일
이다. 하지만 누구나 인생에서 반드시 성취하고 싶은 것이 있을 것
이다. 어떤 화려한 커리어 때문이 아니라, 각자 자신의 인생을 움직
이는 뜨거운 열정이 가슴 속에 내재해 있을 것이다. 필자에게는 그
것이 '성장'이었다. 좀 더 나은 사람으로, 세상에 기여할 수 있는 사
람으로 성장하고 싶었다. 필자의 의식전환의 동기는 '성장'이다. 스
티브 잡스가 한 유명한 말이 생각난다

'Connecting the dots.'

내 경험을 반추하며 그 말의 의미를 해석하면 '모든 점들이 연결
이 된다'는 것이다. 그 과정은 두려움과 실패의 연속이지만, 그 두

려움과 실패가 아니었으면 나는 그만큼 '성장'할 수 없었을 것이다. 지난 35년동안 필자가 최선을 다한 회사가 성장하면서, 나도 성장하고, 우리 아이들도 함께 성장했다. 이것이 가능했던 것은 나의 집중력과 열정도 있었지만, 회사의 역할도 그만큼 컸다. 이것을 하나로 묶을 수 있을 때만이 우리는 진정으로 성공할 수 있고, 일과 개인적인 삶이 어우러져 진정한 균형과 채워짐Fulfilled을 통한 행복감을 느낄 수 있다. 어떤 하나를 희생하는 것이 아니라 하나로 잘 묶을 수 있을 때, 각자의 주변도, 가족도 각자에게 든든한 후원자가 될 수 있다고 필자는 믿는다.

겸허하게 결과를 수용하고
다시금 미완성을 완성으로 채워가는 길을 가리!

지금 필자는 몇 년 전 설립한 회사를 회생시키는데 집중하고 있다. 고민 끝에 회사의 회생을 위해 뛰어들었다. 실패에 대한 두려움이 나를 짓누를 때가 많지만 이 과정에서 내가 큰 기업 대표로 있었을 때 보지 못한 진실들과 디테일들을 보게 되었다. 어쩔 수 없이 꼰대가 될 수 밖에 없는 나이, 화려한 경력이 오히려 부담이 될 수 있는 환경에서, 필자는 겸허함을 배웠고, 다시 원점으로 돌아가 배우기 시작했다. 정밀영양협회도 신사업을 위해 훌륭한 분들과 함께 의기투합해서 만들 수 있었다. 직접적으로 내 사업에서 협회의 도움을 받지는 못하지만, 새로운 돌파구를 마련할 수 있었다. 다행이 1년 넘게 준비한 신제품에 대해 고객들의 반응이 오기 시작했고, 함께 일하는 젊은 친구들의 열정과 신뢰로 회사의 성장을 함께 만들어가고 있다.

5월 말에 시작한 2주동안의 여행을 마치고 한국에 돌아가면 그동안 추진한 투자결정이 기다리고 있다. 어떤 결정이 내려져도 나는 겸허하게 받아들이고 문제를 해결할 것이다 세상에 모든 것은 완성Complete과 미완성Incomplete만 존재하기 때문이고 마음의 불편함은 채워지지 않는 미완성에서 오는 것일 뿐이기 때문이다.

이 책을 집필하는데 그 여정을 함께 동행해준 휘즈북스WHIZ BOOKS의 현지혜 대표에게 진심으로 감사하고 싶다. 원고가 제대로 정리가 안되었음에도 기승전결로 정리하기 위해 애를 많이 써주셨다. 엔터프리뉴어로 대범하게 일을 추진하지만, 따뜻한 마음을 가지고 있어서 함께 하며 마음이 든든했다. 항상 열정을 가지고 일을 추진하는 현지혜 대표가 바라는 정의로운 세상이 구현되기를 기대하며, 이 책을 통해 귀한 분을 만나게 된 것도 큰 행운이다.

의식전환, 비전 정립하며, 도전하고, 성취한다!

미래의 시각에서 현재를 보며 도전하고 성취하며
성장하는 삶의 길을 가야 하리!

마지막으로 이 책을 쓰게 된 동기가 되는 미래 세대들에게 하고 싶은 말이 있다. 항상 미래의 시각에서 현재를 바라보고, 도전하고 성취하며 성장하는 과정을 두려워하지 않기를 당부한다. 오늘도 치열하게 살아가는 모든 이들이 이 책을 통해 용기를 얻고 동기부여가 되기를 바란다. 이번 여행이 끝나면 내가 설립한 회사의 미래를 결정해야 하는 상황이다. 요즘 같은 인구 절벽시대에 세 아이를 육아한다는 것, 그것도 일을 하면서 어떻게 가능한가를 물었을 때 여러 이유가 쏟아져나올 수 밖에 없다. 가족에 대한 사랑과 신뢰로 부딪혀 해결하라고 말하고 싶다. 물론 다들 양육과 성장의 길을 양립하기가 힘들 것이라는 두려움이 앞설 것이다. 그러나 매사 100% 각자의 태도에 달렸고, 최선을 다하고 가족에 대한 사랑과 신뢰를 쌓으면 모든 난관에 길이 열릴 것이라고 필자의 경험을 반추해 말할 수 있다.

'모두 자신을 알고 미래의 꿈을 키우며 도전하고 성취하며 성장의 길을 가기를 기대합니다!'

2023년 5월 25일 캐나다 퀘벡에서